Wilhelm Bigge

Der Kampf um Candia in den Jahren 1667-1669

Wilhelm Bigge

Der Kampf um Candia in den Jahren 1667-1669

ISBN/EAN: 9783744602402

Hergestellt in Europa, USA, Kanada, Australien, Japan

Cover: Foto ©ninafisch / pixelio.de

Weitere Bücher finden Sie auf **www.hansebooks.com**

Kriegsgeschichtliche Einzelschriften.

Herausgegeben vom

Großen Generalstabe.
Abtheilung für Kriegsgeschichte.

Heft 26.

Der Kampf um Candia in den Jahren 1667—1669

von

Bigge,

Obersten und Kommandeur des 5. Rheinischen Infanterie-Regiments Nr. 69.

Mit 7 Karten, Plänen und Skizzen in Steindruck.

Berlin 1899.

Ernst Siegfried Mittler und Sohn
Königliche Hofbuchhandlung
Kochstraße 68—71.

Vorbemerkung.

Im Sommer 1891 theilte das Königlich Preußische historische Institut zu Rom dem Generalstabe mit, daß in dem von Seiner Heiligkeit dem Papste Leo XIII. dem Studium geöffneten Geheimarchiv des Vatikans ein zahlreiches für die Kriegsgeschichte und die Geschichte der Kriegskunst werthvolles Material vorhanden sei. In der Voraussetzung, daß sich darunter auch solche Archivalien befänden, deren Kenntnißnahme für die vom Generalstabe in Angriff genommene Geschichtschreibung der Kriege Friedrichs des Großen von Nutzen sein könnte, erhielt der der kriegsgeschichtlichen Abtheilung des Großen Generalstabs angehörende damalige Major Bigge den Auftrag, in dem genannten Archiv und denen zu Venedig und Turin Forschungen vorzunehmen. Neben der Ausbeute für den eigentlichen Zweck seiner Sendung fand Major Bigge im Vatikanischen Archiv eine Anzahl bisher noch nicht benutzter Aktenbände, enthaltend die Berichte des Admirals der Päpstlichen Flotte, Vincenzo Rospigliosi, der in den Jahren 1668 und 1669 an der Vertheidigung der Festung Candia durch die Republik Venedig gegen die Türken theilgenommen hat. Die eingehende Durchsicht dieser Berichte, die durch Forschungen in anderen Archiven und in Bibliotheken zu Rom und Venedig ergänzt wurde, regte den Major Bigge zur Niederschrift der nachstehend veröffentlichten Studie an. Wenn diese in den kriegsgeschichtlichen Einzelschriften erscheint, so könnte das zunächst als ein Ueberschreiten der Grenzen angesehen werden, innerhalb derer sich der darzubietende Stoff eigentlich bewegen sollte.*) Handelt es sich hier doch um keine selbständige kriegerische Unternehmung Preußischer oder Deutscher Truppen, vielmehr um Kriegsereignisse, an denen zwar kleine Deutsche Kontingente vorübergehend und zeitweise betheiligt waren,

---

*) Vergl. Vorrede zu Heft 1, Band I (1885), die den Plan des Unternehmens der kriegsgeschichtlichen Einzelschriften darlegt.

die aber Deutschland durchaus fern liegende politische und militärische Ziele
verfolgten. Andererseits aber dürfte die Veröffentlichung einer weitern den
Einzelschriften gestellten Aufgabe*): „auf dem Gebiete der Einzelforschung
und kritischen Betrachtung mitzuwirken an der Anregung und Förderung
der in unserer Armee jederzeit mit Vorliebe gepflegten kriegsgeschichtlichen
Studien" — entsprechen. Es kommt hinzu, daß die Kriegsereignisse um
Candia einst das ganze christliche Europa und die Muhamedanische Welt
Jahrzehnte lang in Athem gehalten, daß die dortigen Kämpfe eine noch bis
fast in die Gegenwart hineinreichende sagenhafte Berühmtheit erworben haben,
und daß, was die Hauptursache für die Veröffentlichung ist, das rein Kriegerische und Militärische davon noch heut von vielseitigem Interesse ist.

Die Berichte Rospigliosis, die, wie erwähnt, die archivalische Haupt-
quelle der Studie bilden, liefern werthvolle Beiträge zur Kenntniß der Kriegs-
führung des 17. Jahrhunderts namentlich hinsichtlich des Festungskrieges,
der ja damals eine so wichtige oft entscheidende Rolle spielte; sie lehren
zugleich die über das Zusammenwirken von Heeren und Flotten geltenden
Anschauungen und den Einfluß der Seemacht auf die Ereignisse kennen.
Auch die mit einem Koalitionskriege des 17. Jahrhunderts unzertrennlich
verbundenen Reibungen und Hemmnisse treten in greller Beleuchtung hervor.

In rein geschichtlicher Hinsicht gestatten die Berichte die Lösung der viel
umstrittenen Frage, wer an dem Falle Candias im Herbst 1669 die unmittelbare Schuld trägt. Die Venezianer schieben den Französischen Hülfs-
kräften die Verantwortung zu, die Franzosen wiederum den Venezianern.
Da nun Rospigliosi 1669 Generalissimus sämmtlicher christlicher Streitkräfte
in und bei Candia war und in dieser Eigenschaft alle Fäden der Ereignisse
in der Hand hielt, so läßt sich aus seinen Berichten zum ersten Mal ein
klarer Einblick in die verwickelten Verhältnisse gewinnen, die bei der Vertheidigung und dem Falle der Festung geherrscht haben.

Die Schilderung der Unternehmungen auf Türkischer Seite mußte sich
auf die wichtigsten Thatsachen beschränken, denn eine Geschichtsschreibung der
Türken über den Krieg um Candia giebt es nicht, diejenige ihrer Gegner
aber ist in dieser Beziehung einseitig und parteiisch.

*) Siehe Fußnote auf Seite III.

Inhaltsverzeichniß.

Anlagen.

Karten, Pläne und Skizzen.

1. Kurze Geschichte des Krieges um Candia bis zum Jahre 1667.*)

Der Krieg, den die Republik von Venedig in der zweiten Hälfte des 17. Jahrhunderts gegen das Osmanische Reich um den Besitz der Insel Candia geführt hat, ist einer der längsten, blutigsten und wechselvollsten, die die Geschichte kennt. Er dauerte von Anfang 1645 bis Ende 1669, also fast 25 Jahre, und gestaltete sich durch die Theilnahme von Streitkräften vieler christlichen Staaten gleichsam zu einem Kampfe des Abendlandes gegen das Türkenthum.

Als die tiefer liegende Ursache des Krieges ist die alte Nebenbuhlerschaft Venedigs und des Osmanischen Reiches um die Herrschaft im östlichen Becken des Mittelmeers anzusehen. Bereits seit dem Beginn des 15. Jahrhunderts lag die Türkei mit nur kurzen Unterbrechungen im Streit mit der mächtigen Republik an der Adria, die damals noch die Vorherrschaft auf dem Mittelmeer besaß und den größten Theil der Inseln des Aegäischen und Syrischen Meeres sowie viele feste Plätze an der Küste von Griechenland und Dalmatien ihr eigen nannte. Nachdem aber im Jahre 1573 die Insel Cypern an die Türken verloren gegangen war, nahm der Einfluß Venedigs zur See immer mehr ab, und die unaufhörlichen Räubereien der Türkischen Raperschiffe lähmten den Handel mit der Levante, worauf der Reichthum und die Macht der großen Seestadt beruhte.**)

Im Jahre 1644 befand sich von den wichtigeren Plätzen im östlichen Mittelmeer nur noch Candia in den Händen der Venezianer. Diese von Griechen bewohnte Insel, die erst nach der blutigen Unterdrückung vieler Aufstände sich gänzlich der Herrschaft der Republik unterworfen hatte, war für den Venezianischen Staat von der größten Bedeutung zur Aufrechterhaltung seiner Machtstellung in der Levante. Sie schloß gewissermaßen den Archipelagus ab und beherrschte das Syrische Meer, sie hatte zahlreiche gute Häfen, viele befestigte Städte und ein fruchtbares Gebiet, das von mehr als

---

*) Siehe die Uebersichtskarte.

**) Ein weiterer Grund für den Rückgang Venedigs war bekanntlich auch die Entdeckung des Seeweges nach Ostindien, die den Handel mit dem Orient mehr den die atlantische Küste Europas bewohnenden Völkern zuführte.

200 000 Menschen bewohnt wurde. Von hier aus war Venedig im Stande, den Handelsverkehr seiner Schiffe nach den Küsten von Kleinasien, Syrien und Griechenland zu schützen und mit der Kriegsflotte rasch überall zu erscheinen, wo seine Interessen dies erforderten.

Die gleichen Vortheile aber, die die Insel den Venezianern bot, machte sie auch für die Türken begehrenswerth und zwar umsomehr, als die Anwesenheit einer starken Venezianischen Kriegsflotte so nahe an Konstantinopel als eine stete Drohung für die Hauptstadt angesehen werden mußte. Von dem Wunsch nach dem Besitz bis zum Versuche ihn zu erlangen, war aber bei der gewaltthätigen Politik der Pforte damals kein weiter Weg. Man wartete in Konstantinopel nur auf eine Gelegenheit, um sich der Insel zu bemächtigen. Die Spannung zwischen beiden Staaten war infolge verschiedener Zwistigkeiten, zumeist veranlaßt durch Seeräubereien von beiden Seiten — denn auch die Venezianer verschmähten es nicht, Handelsschiffe der Ungläubigen zu kapern — bereits auf einen hohen Grad gestiegen, als sich im Jahre 1644 den Türken die Gelegenheit bot, ihren Plan der Eroberung Candias auszuführen. Hervorgerufen war der Ausbruch der Feindseligkeiten zwar nicht durch die Venezianer sondern durch die Malteser. Dieser Ritterorden faßte nämlich schon seit Langem seine Aufgabe des Kampfes gegen die Ungläubigen dahin auf, daß er nach Korsarenart das Meer befuhr und alle Türkischen Schiffe, deren er habhaft werden konnte, kaperte oder zerstörte. So hatte auch im September 1644 eine Maltesische Flotte von sechs Galeeren in der Nähe von Rhodus eine Anzahl Türkischer Schiffe überfallen, von denen eins eine Gemahlin des regierenden Sultans Ibrahim sowie deren achtjähriges Söhnchen an Bord hatte.*) Die Türkischen Schiffe wurden von den Maltesern nach tapferer Gegenwehr erstürmt, zum Theil zerstört, zum Theil mitgeführt. Die Sultanin und ihren Sohn brachte man nach Malta, wo sie nach Kurzem am Heimweh starb, während das Kind getauft und in der christlichen Religion erzogen wurde. Der junge Sultanssohn trat, nachdem er erwachsen war, unter dem Namen Pater Tomasso Ottomano als Mönch in den Orden der Dominikaner ein. Wir werden ihm später im Verlauf der Ereignisse, in denen er eine gewisse Rolle spielen sollte, wieder begegnen.

Der Ueberfall der Malteser rief in Konstantinopel große Erregung hervor, und die Kriegspartei drängte nach Wiedervergeltung. Anstatt diese aber an den Schuldigen, den Maltesern, zu üben, rüstete man mit Macht gegen die Venezianer, und zwar weil diese einigen Maltesischen Schiffen Aufnahme in den Häfen von Candia gewährt hatten. Vergebens berief sich der Venezianische Gesandte bei der Pforte darauf, daß Venedig in seiner Stellung

---

*) Die Türkischen Geschichtsschreiber behaupten allerdings, es sei nicht die Gemahlin des Sultans selbst sondern die eines anderen Türkischen Großen gewesen; doch kann man ihren Angaben schon deshalb nicht allzuviel Vertrauen schenken, weil ihnen daran liegen mußte, das mitgefangene Kind nicht als berechtigten Thronerben anzuerkennen.

als unbetheiligte Macht keine Ursache gehabt habe, den Maltesern seine Häfen zu verschließen, — die Türken legten die Thatsache als einen Beweis feind-seliger Gesinnung der Republik aus und überfielen mit einer Flotte von 348 Kriegs- und Transportschiffen sowie einer Armee von 60 000 Mann ohne vorherige Kriegserklärung im März 1645 die Insel Candia.*) Es gelang ihnen sehr bald, sich des platten Landes zu bemächtigen, denn der Widerstand der Einwohner war gering. Die Venezianer hatten die natür-lichen Reichthümer der Insel zwar ausgebeutet, aber sich um ihren Zustand wenig gekümmert. Das Volk auf dem Lande war arm und bedrückt von einem übermüthigen aber trägen Adel, der seiner Pflicht der Landesvertheidigung in keiner Weise nachkam. Alle Befestigungen waren arg vernachlässigt, Truppen nur in geringer Zahl vorhanden. Die Türken hatten daher an-fangs leichtes Spiel. Schon nach kurzer Zeit fiel die wichtige aber zu schwach besetzte Festung Canea in ihre Hände, wodurch sie einen guten Hafen und festen Stützpunkt auf der Insel gewannen. Sodann begannen sie die Belagerung der auf einer kleinen Insel gelegenen Festung Suda.

Das überraschte Venedig, wohl einsehend, daß es sich hier um eine Lebensfrage handle, bot noch einmal alle seine Kräfte auf, um die alte Macht-stellung zu wahren. Zugleich rief es die christlichen Staaten um Hülfe an und erhielt auch vom Papst, von Toscana, von Malta und Spanien Unter-stützung an Schiffen und Truppen, von Frankreich an Geld.

In der Hoffnung, durch einen Angriff auf die im Türkischen Besitz befindliche Halbinsel Morea den Feind zur Räumung von Candia zu ver-mögen, bemächtigten sich die Venezianer der Stadt Patras. Allein die Türken ließen sich dadurch nicht verleiten, die Belagerung von Suda aufzuheben. Der zum Generalkapitän**) ernannte Girolamo Morosini brachte jetzt zur See Verstärkungen nach Suda, heftige Stürme verhinderten ihn aber, die Türkische Flotte anzugreifen, die in der Bucht von Canea lag, und zwangen ihn, vorzeitig die Heimathhäfen aufzusuchen. Den Türkischen Schiffen gelang es daher, obwohl sie den Venezianischen nicht gewachsen waren, im Herbst unbehelligt nach Konstantinopel zurückzukehren, um dort zu überwintern.***)

Im Feldzuge des Jahres 1646 waren die Venezianer hauptsächlich darauf bedacht, die Fortschritte der Türken auf Candia zu hemmen. Während Girolamo Morosini zu Lande Canea wiederzugewinnen suchte, sperrte sein Vetter Tomasso Morosini zur See die Straße der Dardanellen, um das Auslaufen der Türkischen Flotte von Konstantinopel in das Aegäische Meer

---

*) Siehe die Karte der Insel Candia.

**) Generalkapitän (capitano generale) war der Titel des obersten Befehlshabers über die Flotte und das Landheer der Venezianer.

***) Die Bauart und geringe Seetüchtigkeit der damaligen Kriegsschiffe erlaubte es ihnen nicht, während des Winters, der im Mittelländischen Meer die Zeit der Stürme ist, die offene See zu halten. Sie suchten vielmehr alljährlich spätestens Ende Oktober einen Hafen auf, wo sie meist bis zum Frühling des folgenden Jahres verblieben.

zu verhindern. Aus Mangel an Unterstützung mußten die Venezianischen Schiffe jedoch ihr Vorhaben aufgeben, und nun fuhren 80 Türkische Galeeren nach Canea, während sich die Venezianische Flotte in der Bucht von Suda vereinigte. Keiner der beiden Gegner wagte es, sich dem anderen auf offener See zu stellen, bis der Winter auch in diesem Jahre allen kriegerischen Unternehmungen ein Ziel setzte. Doch hatten inzwischen auf der Insel die Türken die Festung Rettimo erstürmt, während Suda noch widerstand.

Im folgenden Jahre (1647) erhielt Battista Grimani den Oberbefehl über die Venezianische Seemacht. Es gelang ihm, in der Schlacht von Negroponte die Türkische Flotte zu schlagen und vollständig zu verjagen. Als er aber im Frühjahr 1648 sich bereit machte, den Feind in den Dardanellen aufzusuchen, zerstörte ein Sturm die meisten seiner Schiffe, und er selbst kam dabei um. Sein Nachfolger Bernardo Morosini sammelte jedoch schnell die Reste der Flotte und unternahm mit diesen von Neuem die Blockade der Meerenge. Sein Erscheinen dort in einem Augenblicke, wo man in Konstantinopel an den gänzlichen Untergang der Venezianischen Seemacht geglaubt hatte, machte einen solchen Eindruck, daß der gegen ihn abgesandte Kapudan-Pascha,*) ohne den Durchbruch auch nur zu versuchen, mit der Türkischen Flotte nach Konstantinopel zurückkehrte, wofür ihn der Sultan köpfen ließ. Auf der Insel Candia war unterdessen von den Türken die Belagerung von Suda fortgesetzt und die der Hauptstadt Candia begonnen worden.

Obgleich in den nächsten Jahren die Dardanellen die meiste Zeit durch die Venezianischen Schiffe gesperrt waren, gelang es den Türken doch fortwährend, Truppen aus den zahlreichen Häfen Kleinasiens, des Archipelagus und Griechenlands nach Candia zu schaffen, weil die Flotte der Republik zu schwach war, um alle diese Orte zugleich zu beobachten. So sehen wir denn das eigenthümliche Schauspiel, daß keiner der beiden Gegner im Stande ist, dem anderen den Zutritt zu dem Kriegsschauplatz zu verwehren, obgleich dieser eine Insel war. Die Türken hielten Canea fest und landeten dort ihre Truppen und ihr Kriegsmaterial. Ein Gleiches thaten die Venezianer bei der Festung Candia, obwohl diese zu Lande seit dem Jahre 1648 bis zum Ende des Krieges von den Türken belagert oder beobachtet wurde.

Die Insel selbst war inzwischen fast ganz von den Türken in Besitz genommen; es widerstanden ihnen außer der Hauptstadt nur noch die kleinen Festungen Sittiä, Suda, Garabusa und Spinalonga. Sie hielten etwa 10 000 Mann auf der Insel, die auf Kosten des Landes lebten. Die größere Hälfte davon lag vor Candia, der Rest stand in Canea und an einzelnen anderen Orten der Nordküste vertheilt. Die Reiterei befand sich in den grasreichen Ebenen auf der Weide.

Im Frühjahr 1649 gelang es dem Kapudan-Pascha, mit 80 Schiffen die Sperre der Dardanellen zu durchbrechen. Der Venezianische Admiral

---

*) Kapudan-Pascha war der Titel des Oberbefehlshabers der Türkischen Flotte.

Jakopo da Riva folgte ihm aber nach, erreichte die feindliche Flotte in der Bucht von Foya (nördlich Smyrna), schlug sie und zerstörte 15 Schiffe. Trotzdem konnte er es nicht verhindern, daß der Rest der Türkischen Schiffe nach Canea entkam und dort wiederum zahlreiche Truppen und Kriegsvorräthe an Land brachte.   Dieser Umstand gewährte der Türkei die Möglichkeit, die Belagerung von Candia, die bisher nur mit schwachen Kräften geführt worden war, nunmehr mit vollem Nachdruck fortzusetzen.

Im Jahre 1650 wurde die Türkische Flotte, die im Winter nach Konstantinopel zurückgekehrt war, abermals durch Riva in den Dardanellen festgehalten.   Doch führten die Türken die Belagerung von Candia fort und machten sogar Miene, auch die auf dem östlichsten Theil der Insel gelegene Festung Sittia anzugreifen.   Da den Venezianern nicht genug Landkräfte zur Verfügung standen, um auch hier eine nachdrückliche Vertheidigung zu führen, so sprengten sie die Werke von Sittia in die Luft und verlegten die dort befindlichen Truppen nach Candia.

Im Frühjahr 1651 erzwang die Türkische Flotte die Durchfahrt durch die Dardanellen, die nur von wenigen Venezianischen Schiffen beobachtet waren.   Der Nachfolger*) Rivas, Giorgio Mocenigo, ging ihr aber mit der Hauptflotte entgegen und schlug sie am 10. Juli bei der Insel Paros derartig, daß sie zwei Jahre lang nicht mehr auf offener See zu erscheinen wagte.   Die folgenden Jahre, 1652 und 1653, vergingen daher ohne bedeutende Ereignisse zur See, während die Belagerung von Candia fortdauerte. Da aber auch hier die Türken nur schwache Kräfte nachschoben, so wurden sie bald gezwungen, sich auf eine bloße Beobachtung zu beschränken; ja sie mußten sogar, um gegen Ausfälle besser gesichert zu sein, ihr eigenes Lager so mit Befestigungen umgeben, daß daraus allmählich eine förmliche Gegenfestung, Neu-Candia genannt, entstand.

Währenddessen beherrschten die Venezianer den Archipel und beharrten auf ihrem System, die Ausfahrt aus dem Hellespont zu sperren.   Giuseppe Delfino befehligte im Frühjahr 1654 das zu diesem Zweck bestimmte Venezianische Geschwader von 26 Schiffen, als die Türkische Flotte, die wieder auf 75 Fahrzeuge gebracht war, den Durchbruch unternahm.   Delfino versuchte sich mit aller Kraft ihnen entgegenzuwerfen, allein die an diesem Tage sehr heftige Strömung im Hellespont**) trieb seine Schiffe in das offene Meer hinaus, und so gelang es dem Kapudan-Pascha, nach Canea durchzu-

---

*) Der häufige Wechsel der Generalkapitäne hatte seine Ursache darin, daß der Venezianische Senat ungern einen der Seinigen lange in dieser Stellung ließ, — aus Furcht, er könne zu mächtig werden.

**) Da das Schwarze Meer einen etwas höheren Wasserspiegel hat als das Mittelländische, so herrscht in den Straßen des Bosporus und der Dardanellen stets eine Strömung in das Aegäische Meer hinein, die bei heftigem Ost- und Nordwind so stark wird, daß Segel- und Ruderschiffe sie nicht zu überwinden vermögen.

kommen, von wo er dem auf der Insel befindlichen Heere beträchtliche Verstärkungen zuführte.

Im Frühjahr 1655 unternahm Lazzaro Mocenigo die Blockade der
Dardanellen und lieferte hier im Juni der über 100 Segel starken Türkischen
Flotte eine Schlacht, in der die Venezianer mit dem Verlust nur einer einzigen Galeere einen glänzenden Sieg erfochten, der dem Feinde 23 Schiffe
kostete.

Noch schlimmer erging es der Türkischen Flotte im Jahre 1656. Sie
war diesmal 98 Schlachtschiffe stark und griff am 26. Juni den Venezianischen
Admiral Lorenzo Marcello in den Dardanellen an. Dieser selbst fiel zwar
von einer Kanonenkugel getroffen, allein sein Bruder Giovanni verheimlichte
den Tod des Oberbefehlshabers, bis der Sieg zu Gunsten der Venezianer
entschieden war. Nur 14 Türkische Schiffe konnten sich retten, 84 wurden
erobert, verbrannt oder versenkt. 10 000 Türken kamen um, 5000 fielen in
Gefangenschaft; die Venezianer dagegen verloren nur 300 Mann und 3 Schiffe.

Die Sieger bemächtigten sich darauf einer Reihe von Inseln im Archipel,
und Marcellos Nachfolger, Lazzaro Mocenigo, plante schon einen Angriff auf
Konstantinopel selbst. Allein dort hatte unterdessen an Stelle der bisherigen
schwächlichen jeden Augenblick wechselnden Großvezire Mahomed Cöprili das
Ruder des Staates ergriffen, ein Mann, der die Macht des Osmanischen
Reiches noch einmal mit starker Hand zusammenzufassen verstand.*)

Der neue Großvezir begriff, daß es sich vor Allem darum handele, die
Macht der Venezianer zur See zu brechen, um dann den Landkrieg auf
Candia um so nachdrücklicher führen zu können. Er rüstete daher für das
Jahr 1657 eine neue sehr starke Flotte aus und ließ die Küsten des Helles-
ponts mit einer Armee von 50 000 Mann besetzen, die jede Landung der
Venezianer dort verhindern und in einen etwaigen Kampf der Schiffe vom
Lande her mit Geschütz eingreifen sollte. Am 17. Juni 1657 rückte die
Türkische Flotte, 66 Kriegs- und 150 Transportschiffe stark, in der Meer-
enge vor. Drei Tage dauerte die Schlacht, worin die Venezianer unter
Lazzaro Mocenigo ihren alten Kriegsruhm bewahrten. Sie würden sogar
einen entscheidenden Sieg erfochten haben, wenn nicht am zweiten Tage ein
plötzlicher Sturm und die heftige Strömung die Kämpfer getrennt und die
Fortsetzung der Schlacht verhindert hätte. Sobald sich aber der Sturm gelegt
hatte, ging Mocenigo am dritten Tage, obwohl viele seiner Schiffe weg-
getrieben waren, von Neuem zum Angriff vor. Allein seine eigene Galeere
gerieth in Brand, eine herabstürzende Segelstange erschlug ihn, und die

---

*) Mahomed Cöprili, von Geburt ein Albanese und ursprünglich Christ, hatte seinen
Glauben abgeschworen und war Türkischer Soldat geworden. Er zeichnete sich bald so
aus, daß er, obwohl von niederer Herkunft, die höchsten Grade erstieg und dann zum
Statthalter von Damaskus ernannt wurde. Von hier berief ihn der Sultan 1656 als
Großvezir an seinen Hof und legte die ganze Leitung der Staatsgeschäfte, der inneren
und äußeren, in seine Hände.

übrigen Schiffe zogen sich, durch den Tod des Feldherrn entmuthigt, zurück, worauf die Türkische Flotte das offene Meer gewann, die im vorigen Jahre verlorenen Inseln zurückeroberte und bedeutende Verstärkungen nach Candia führte.

Zum Glück für die Venezianer wurden die Türken in den folgenden Jahren in einen Krieg in Ungarn und Siebenbürgen verwickelt, weshalb sie die Unternehmung auf Candia lässiger betrieben; ja der Großvezir bot der Republik sogar gegen die Abtretung der Stadt Candia den Frieden an. Der Senat verwarf zwar diesen Antrag, setzte aber den Krieg nicht mit dem nöthigen Nachdruck fort.

Erst im Jahre 1660 geschah wieder eine größere Waffenthat. Der König von Frankreich, Ludwig XIV., hatte 8000 Mann seiner Armee der Republik als Hülfskorps zur Verfügung gestellt. Die Franzosen landeten bei Candia und erstürmten gleich am nächsten Tage mit großer Tapferkeit das Türkische Lager. Anstatt diesen Sieg aber auszubeuten, gaben sie sich sogleich der Plünderung hin. Währenddessen wurden sie von den Türken, die sich wieder gesammelt hatten, überfallen und fast gänzlich aufgerieben.

1661 suchte der Generalkapitän Giorgio Morosini die feindliche Flotte bei der Insel Tine auf, schlug sie und nahm ihr 20 Schiffe ab. Dies war aber auch der letzte Versuch der Venezianer, den Krieg angriffsweise zu führen. Von jetzt ab hielten sie sich nur noch in der Vertheidigung und beschränkten sich darauf, die wenigen festen Stützpunkte, die sie besaßen, festzuhalten. Was noch mit den Waffen geschah, galt nur der Erhaltung der Ehre. Der Besitz der Insel hatte für die Republik auch an Werth sehr verloren, denn der Handel mit der Levante war durch den fast zwanzigjährigen Krieg so gut wie vernichtet. Im Jahre 1665 hätte sich zwar noch einmal eine günstige Gelegenheit geboten, die Insel zurückzuerobern. Die Türken hielten damals nur schwache Kräfte dort, da sie in Ungarn in einen gefährlicheren Krieg verwickelt waren; ja sie hatten sogar die Belagerung der Festung Candia aufgegeben und sich auf die Festhaltung von Canea und Neu-Candia beschränken müssen. Allein die Venezianer ließen die Gelegenheit ungenutzt vorübergehen und boten so den Türken die Möglichkeit, sich so lange zu behaupten, bis frische Kräfte dem Kriege eine andere Wendung gaben.

---

2. Wiederbelebung des Krieges im Frühjahre 1667.

Inzwischen war nämlich Achmed Cöprili, der Sohn Mohameds, nach dessen Tode Großvezir der Pforte geworden, ein Mann, der seinen Vater an staatsmännischem Scharfblick und Thatkraft noch übertraf. Er schloß 1666 Frieden mit Ungarn und wandte nunmehr seine ganze Aufmerksamkeit dem Kriege um Candia zu. Im November desselben Jahres führte er persönlich ein großes Heer auf die Insel, vertrieb, was sich von Venezianischen Truppen etwa im offenen Lande befand, in die Festungen Candia, Suda und Gara-busa, legte Türkische Garnisonen in alle größeren Orte, namentlich der Nord-küste, und zwang die Bewohner der Insel, für die Ernährung und Erhaltung seines Heeres zu sorgen. Nachdem er so festen Fuß gefaßt hatte, begann er im Frühjahr 1667 mit 70 000 Mann die förmliche Belagerung der Haupt-stadt Candia.

Ihm gegenüber führte den Oberbefehl über die Venezianischen Streit-kräfte zu Wasser und zu Lande der Generalkapitän Francesco Morosini, ein Mann, der seinem Gegner an Kühnheit, Zähigkeit und rücksichtsloser Ent-schlossenheit gleichkam.*) Er erkannte sofort die Gefahr, die seinem Vater-lande aus dem Vorgehen des Großvezirs drohte. Wenn die Hauptstadt Candia fiel, so ging auch die Insel den Venezianern unwiederbringlich ver-loren. Morosini setzte daher alle Hebel in Bewegung, um die schon er-schlaffende Thatkraft des Venezianischen Staates noch einmal zu beleben, und wirklich gelang es seiner unermüdlichen Thätigkeit, von dem hohen Rathe die Mittel zur Fortsetzung des Widerstandes zu erlangen. Freilich, den Türken im offenen Felde entgegenzutreten, dazu vermochte sich die Republik nicht mehr aufzuraffen, Morosini mußte sich vielmehr auf die Erhaltung der Festung Candia beschränken. Der ganze blutige Krieg, der noch drei Jahre währte und beiden Theilen unerhörte Opfer an Geld und Menschen kosten sollte, spielte sich daher von jetzt ab nur noch in einzelnen Kämpfen zur See und in einem fast ununterbrochenen Ringen auf dem eng begrenzten Schauplatz der belagerten Hauptstadt ab.

---

*) Francesco Morosini war geboren 1618 zu Venedig als ein Sproß des alten Geschlechts der Morosini, das der Republik schon so viele ausgezeichnete Staatsmänner und Feldherren geliefert hatte. Man hat ihn auch den „letzten Venezianer" genannt, weil in ihm sich noch einmal alle großen Eigenschaften verkörperten, die die Blüthe und die Macht des Venezianischen Staates hervorgerufen hatten. Schon mit 20 Jahren Kapitän eines Kriegsschiffes, brachte er sein ganzes Leben im ununterbrochenen Kampfe gegen die Ungläubigen hin. Seit Beginn des Krieges um Candia im Jahre 1645 hatte kaum ein Gefecht zur See stattgefunden, an dem er nicht mit Auszeichnung theilgenommen hätte. Mehrfach war er Befehlshaber der Flotte und in seinen Unternehmungen stets vom Erfolg begünstigt gewesen. Als nun die Türken sich 1666 zur Wiederaufnahme des Krieges rüsteten, wußte der Senat keinen Besseren zum Generalkapitän zu wählen als den 48jährigen Morosini. Seine dreijährige Vertheidigung von Candia ist eine der be-deutendsten Waffenthaten, die die Geschichte kennt, obwohl sie mit dem Falle der Festung endete. Wegen dieses Umstandes zu Venedig der Verrätherei angeklagt, wurde er glän-zend freigesprochen und bald darauf wieder zum Generalkapitän gewählt. 1684 erneuerte er den Krieg gegen die Türken auf der Halbinsel Morea, was ihm den ehrenvollen Bei-namen: „Peloponnesiaco" eintrug. 1688 wurde er zum Dogen gewählt, behielt aber trotzdem das Kommando über die Streitkräfte der Republik bei und kämpfte auch weiterhin bis zu seinem Tode fast ununterbrochen gegen den Erbfeind. Er starb, 76 Jahre alt, im Jahre 1694 während der Belagerung von Nauplia in Griechenland inmitten kriegerischer Thätigkeit. Der Senat seiner Vaterstadt ließ ihm auf Staatskosten ein prächtiges Denkmal mit der Inschrift setzen: „Francisco Mauroceno, Peloponnesiaco".

Die Festung Candia*) liegt auf der Nordseite der gleichnamigen Insel unmittelbar am Meere in einer etwa 4 km langen und ebenso breiten fruchtbaren Ebene. Diese wird nördlich begrenzt durch das Meer, westlich durch den Fluß Gioffiro, östlich durch den Bach Cazaban mit einigen vorgeschobenen Höhen und südlich durch die Vorhügel des Berges Jda**), der die höchste Erhebung der Insel bildet und dessen Gipfel die meiste Zeit des Jahres mit Schnee bedeckt ist. Die Stadtumfassung hatte die ungefähre Gestalt eines Halbkreises, dessen Sehne das Meer bildete. Hier lagen zwei Häfen; der eine, Porto di Tramata genannt, war nur für Kähne und kleine Handelsschiffe bestimmt, die auf das Land gezogen wurden, und hatte keine künstlichen Schutzmittel. Der andere, der Kriegshafen, Porto delle Galere, war dagegen durch zwei verschieden lange Molen geschützt und soweit vergrößert, daß er dreißig große Schiffe fassen konnte. Am Ende der längeren Mole erhob sich ein auf einen Felsen gebautes kleines Kastell, das den Eingang in den Hafen schützte und sperrte. Im Laufe der Belagerung gelang es den Türken, von ihren vor dem Bastion Sabionera errichteten Batterien aus den Eingang zu diesem Hafen unter ständiges Geschützfeuer zu nehmen, so daß er nur noch bei Nacht und auch dann nur mit Gefahr benutzt werden konnte. Die Belagerten zerstörten daher ein Stück der größeren Mole und schufen so einen zweiten sicheren Eingang, der aber der geringen Tiefe wegen nur für Kähne brauchbar war. Größere Schiffe mußten daher ihre Frachten umladen. Unmittelbar am Hafen lagen die ausgedehnten Arsenale und Werften zum Bau von Schiffen aller Art.

Der Erbauer der Festung Candia war der Veroneser Architekt San Micheli***) gewesen, der als der Erfinder der Bastione angesehen wird. Er gab der Stadt eine geschlossene Umwallung mit 5 vollen und 2 halben Bastionen, deren Flanken hinter Orillons zurückgezogen waren. In diesen lagen gemauerte Geschützkasematten in mehreren Stockwerken übereinander. Der Graben war trocken aber sehr tief und größtentheils in den Felsen gesprengt, die Breite wechselnd von 6 bis 10 m; die Escarpe war gemauert, die Kontreskarpe dagegen nicht. Innerhalb der meisten Bastione erhob sich ein mit Batterien versehener Kavalier zur Beherrschung des Vorgeländes. Sämmtliche vollen Bastione und die meisten Kurtinen waren durch vorgelagerte kleinere Werke (Halbmonde, Hornwerke, Raveline u. s. w.) gegen unmittelbaren Angriff geschützt. Am schwächsten waren die am Meeresufer gelegenen Halbbastione Sabionera (Nr. 7 des Planes) und San Andrea (Nr. 40 des Planes).†) Da ihre Facen vom Meere her gar nicht und von der anderen Seite nur unvollkommen flankirt werden konnten, so brauchte sich der Angreifer gegen sie nur nach vorne zu sichern. Sie besaßen aber eine besondere

---

*) Siehe den Plan der Festung.

**) Der Mons Jovis der Alten.

***) San Micheli lebte von 1484—1559. Er hatte auch die Städte Parma, Piacenza und Verona befestigt.

†) Siehe auch die Textskizze dieser Bastione zu Seite 155.

Wichtigkeit, denn sie waren zur Deckung der beiden Häfen bestimmt; ihr Fall hätte also den Vertheidiger vom Meere, seiner einzigen Verbindungslinie mit der Heimath, abgesperrt. Diese Verhältnisse erkannte der Großvezir im Laufe der Belagerung. Er richtete daher vom Frühjahr 1668 ab seinen Angriff ausschließlich gegen Sabionera und San Andrea.

Das Halbbastion Sabionera war, wie schon sein Name (Sandbastion) andeutet, auf sandigem Boden errichtet, hatte keinerlei Außenwerke und wurde von den vorliegenden Hügeln überhöht. Seine dem Meere zugekehrte Flanke war durch eine am Arsenal errichtete Batterie (Nr. 6 des Planes) bestrichen. Das Halbbastion San Andrea stand auf einem Felsen und galt daher für stärker als Sabionera; auch überhöhte es etwas das vorliegende Gelände. Seine nördliche Flanke war vom Meere noch etwa 60 Schritte entfernt; dieser Raum wurde durch ein Schulterwerk ausgefüllt. Vor dem Bastion lag ein kleines Ravelin.

Die der See zugekehrte Front der Festung wurde nur durch eine Mauer gebildet, die zwar bastionäre Formen aufwies, sich aber den Biegungen des Meeresufers möglichst anschmiegte.

Die Stadt hatte neun Thore; von diesen waren die wichtigsten die Porta Sabionera, del Gesù, Panegra, San Andrea, an den gleichnamigen Bastionen gelegen, die Porta del Molo am Kriegshafen und die Porta di Tramata am Bootshafen.

Das Innere der Festung zerfiel in zwei Theile. In der Altstadt (città vecchia) befanden sich die meisten öffentlichen Gebäude und Kirchen. Sie war für die damalige Zeit sehr stark aus Stein errichtet und galt für eine der schönsten Städte der Levante. Die Neustadt (città nuova) dagegen war weniger angebaut und enthielt noch Strecken, die von Gärten und Weinbergen eingenommen wurden. Zwischen Alt- und Neustadt zog sich eine von früheren Befestigungen stehen gebliebene Mauer hin. Die hier gegebene Schilderung Candias könnte zu der Annahme verleiten, als ob die Festung große Widerstandskraft besessen habe. Das war indeß nicht der Fall. Sämmtliche Werke waren nach heutigen Begriffen sehr klein, hatten ein schwaches Profil und konnten sich gegenseitig nur wenig unterstützen. Auch die artilleristische Ausrüstung war durchweg schwach, vor Allem aber fehlte es stets an Truppen, namentlich an solchen, die im Festungskriege Uebung besaßen. Bis die frisch geworbenen Söldner sich an die eigenthümliche Art der Kriegführung gewöhnt hatten, verging immer eine geraume Zeit, während der man sie nur in der Reserve verwenden konnte. Selbst an Geld, Kriegsmaterial und Lebensmitteln ließ es der hohe Rath in Venedig den Vertheidigern oft fehlen. Trotz aller dieser Schwierigkeiten und Mängel verlor indeß der Generalkapitän Morosini keinen Augenblick den Muth, er war vielmehr fest entschlossen, die ihm anvertraute Hauptstadt bis zum Aeußersten zu vertheidigen. Unter ihm befehligte der Piemontese Marchese Villa die

Venezianischen Söldner, ein Graf Sparr*) die Deutschen Hülfstruppen, der Franzose Vernede und der Deutsche Wertmüller die Artillerie, während für die Leitung der fortifilatorischen Vertheidigung eine ganze Reihe erprobter Ingenieure, Venezianer und Fremde, zur Verfügung standen. General-provedior der Stadt, ein Beamter, der in seiner Person die Stellung des obersten Civilbeamten und des militärischen Kommandanten vereinigte, war Antonio Barbaro, später Bernardo Nani.

———

Die Belagerungskunst der Türken, die noch im Beginn des 17. Jahr-hunderts sehr unentwickelt gewesen war, hatte seitdem beträchtliche Fortschritte gemacht, ja sie zeigte sich sogar in mancher Hinsicht der des Abendlandes überlegen. Die größten Geschütze der damaligen Zeit wurden in Constantinopel gegossen, und die Türken waren die ersten, die Parallelen, allerdings noch in unvollkommener Form, im Festungskriege bei der Belagerung von Candia anwandten.**) Sie sind aber nicht die Erfinder dieses Angriffs-mittels gewesen, sondern ein Venezianer soll sie die Anlage der Parallelen, aus Haß gegen seine Vaterstadt, die ihn ungerecht behandelt hatte, gelehrt haben. Bis dahin hatten die Türken sich nämlich, um sich den feindlichen Werken zu nähern, mit einfachen, gradlinigen oder geschlängelten Approchen begnügt, die nur wenig Schutz und Unterkunftsraum boten. Auch jetzt legten sie ihre Laufgräben nicht in besonders kunstgemäßer Weise an vielmehr ziemlich willkürlich in krummen oder graben Linien, aber doch so, daß einzelne parallel mit der belagerten Front liefen, so daß Truppen darin gedeckt unter-gebracht werden konnten. Zur Verbindung dieser Parallelen dienten die entweder senkrecht dazu oder im Zickzack geführten Approchen. Für jedes anzugreifende Werk wurde ein besonderes System von Parallelen erbaut, und diese Systeme standen untereinander in Verbindung. Einen Schutz der Flanken durch Zurückbiegen der Flügel kannte man dagegen noch nicht. Die Breite der Laufgräben betrug 5 bis 6 Fuß, die Tiefe 6 bis 7 Fuß, doch kamen auch bedeutend größere Abmessungen vor.

Die Ausführung der Erdarbeiten geschah niemals durch die eigentlichen Schlachttruppen sondern durch besondere Schanzgräber (Azags), die nur in dringenden Fällen auch zum Fechten verwandt wurden. Außerdem folgte dem Heere gewöhnlich noch eine Menge Abenteurer und arbeitsloser Leute niederen Standes, die man ebenfalls gegen Bezahlung zu den Schanzarbeiten heranzog. Die Besetzung und Vertheidigung der Laufgräben erfolgte durch die Janit-scharen und sonstigen Fußtruppen, die stets in der einmal eingenommenen Stellung blieben und sich darin vollkommen einrichteten. Sie legten zu ihrem Schutze in den Grabenwänden Erdhöhlen an, in denen sie zu je sechs Mann

———

*) Graf Georg Friedrich Sparr, geboren 1625, gestorben 1676 in Wien.

**) Vauban hat die Parallelen dann vervollkommnet und sie zuerst 1673 vor Maastricht und in ihrer regelmäßigen Anordnung zu Treien 1697 vor Ath angewendet.

ganz und gar lebten. Dies hatte den großen Vorzug, daß die Truppen mit der Oertlichkeit und der Art ihrer Vertheidigung sehr vertraut wurden.

Die Anlage der Batterien erfolgte nicht nach bestimmten Grundsätzen. Da man den Rikoschet-Schuß noch nicht kannte,*) so war man bezüglich des Ortes der Batterien wenig beschränkt und erbaute sie einfach auf den höchstgelegenen Punkten. Die Ueberhöhung über die Batterien des Gegners galt dabei als das Wesentliche, und namentlich die Türken legten ihr besondere Bedeutung bei. Um diesen Vortheil zu erzielen, errichteten sie da, wo das Gelände ihnen keine solchen Punkte bot, Kavaliere, die sie mit Batterien von außerordentlich großer Geschützzahl besetzten.**)

Bei der mangelhaften Treffsähigkeit der Geschütze war es trotzdem schwer, die Artillerie des Vertheidigers zum Schweigen zu bringen. Der Angreifer konnte, fortwährend mit Geschützen, Musketen und Handgranaten beschossen, nur sehr langsam vorrücken und verlor dabei unverhältnißmäßig viel Leute. Vor Allem aber war er nicht hinreichend vertraut mit der Kunst, vermittelst seiner Artillerie Bresche zu legen. Dies mußte vielmehr durch langwierige Minirarbeit geschehen, die dem Vertheidiger Zeit ließ, Gegenminen zu bauen und innerhalb der Festung hinter den angegriffenen Fronten neue Abschnitte herzustellen.

Die Minen wurden gewöhnlich mit Pulver gesprengt, doch bedienten sich die Türken auch zuweilen noch der Mittel, die schon im Alterthum üblich waren, indem sie den Grund der zu breschirenden Mauern untergruben, sie mit Holz stützten und dieses anzündeten, so daß der Einsturz erfolgte.

Die Minensprengungen beschränkten sich übrigens nicht auf den Versuch zur Breschirung, sondern nahmen einen Umfang an, der ihnen den Charakter eines selbständigen unterirdischen Krieges verlieh. In der Zeit vom Frühjahr 1667 bis zum Herbst 1669 wurden bei Candia allein 1364 Minensprengungen vorgenommen, und es wurde 40 Mal unter der Erde in den Galerien mit den Waffen gekämpft. Die Vertheidiger, die sich ebenso wie die Türken im Minenkriege als besonders geschickt und thätig erwiesen, hielten sich in ihren zahlreichen Horchgängen auf, erlauschten unermüdlich die feindlichen Mineure, arbeiteten ihnen rasch entgegen und suchten ihre Galerien abzuschneiden, durch Gegenminen zu zerstören oder mittelst hineingeleiteten Wassers zu ersäufen. So oft ihnen dies auch gelang, immer wieder erneuerten die Türken ihre Versuche, sich dem Graben auf unterirdischem Wege zu nähern. Man hat berechnet, daß bei diesen Arbeiten von beiden Seiten ein

---

*) Der Rikoschet-Schuß wurde zum ersten Mal im Jahre 1697 durch Vauban bei der Belagerung von Ath angewendet.

**) Bei der Belagerung von Famagusta auf Cypern (1571) bauten die Türken nahe an der Kontreskarpe einen Kavalier für 74 Kanonen; er überhöhte und bezwang den Platz, aber von 40 000 bei der Anlage verwendeten Arbeitern gingen 18 000 zu Grunde. Auch bei Candia errichteten sie einen Kavalier, der zur Hälfte in das Meer hinein erbaut war und acht Monate Arbeitszeit erforderte.

und dieselbe Erdschicht mehr als 40 Mal durchgraben und umgearbeitet worden ist.

Die Ladung der Minen war meist sehr stark, um recht große Wirkungen zu erzielen; sie wechselte je nach der Bedeutung der Mine von 10 bis 150 Tonnen Pulver. Einen bestimmten Maßstab für das Verhältniß zwischen der Ladung und der gewünschten Wirkung hatte man nicht; jeder Mineur verfuhr darin nach Gutdünken.*)

Am 22. Mai 1667 eröffnete der Großvezir Cöprili die erste Parallele auf Kanonenschußweite von der Festung und zwar auf der Südwestfront gegen die Bastione Panegra, Betlem und die rechte Face von Martinengo. Drei Wochen darauf begannen 5 Kanonen- und 3 Mörserbatterien ihr Feuer gegen die Stadt. Die Geschütze waren außerordentlich großen Kalibers; sie sollen Kugeln bis zu vier Centnern Schwere geschleudert haben. Während des ganzen Sommers entwickelten sowohl Angreifer wie Vertheidiger eine lebhafte Thätigkeit. Ende August hatten die Türken indeß noch keine nennenswerthen Erfolge erzielt. Sie waren zwar mit ihren Laufgräben bis hart an den Hauptgraben vorgeschritten, aber noch nicht ein einziges der Außenwerke befand sich in ihren Händen. Erst Anfang September gelang es ihnen, in den Graben des Hornwerks Panegra einzubringen und Bresche in dessen Eskarpe zu legen. Da bei weiteren Fortschritten der Türken der Verlust des Werkes bevorstand, beschloß der Generalkapitän Morosini, durch einen größeren Ausfall den Gegner zurückzutreiben. Am 9. September brachen vier Kolonnen, je eine aus Italienern, Deutschen, Franzosen und Griechen bestehend und jede 500 Mann stark, aus dem Werke vor. Morosini selbst leitete die Unternehmung vom Walle aus, während General Villa im Graben den einzelnen Kolonnen den Weg anwies. Diese warfen im ersten Ansturm den Gegner aus den zunächst gelegenen Verschanzungen und Laufgräben hinaus und zerstörten diese sowie mehrere Geschütze. Als jedoch die Türken in verstärkter Zahl zurückkehrten, mußten die christlichen Truppen das Gewonnene wieder aufgeben und sich zurückziehen. Doch blieb das Hornwerk Panegra in ihren Händen. Die bald darauf einsetzenden in diesem Jahre besonders heftigen Herbstregen, die die Laufgräben und Minen mit Wasser füllten, zwangen frühzeitig zu einer Beschränkung der kriegerischen Thätigkeit. Auch brach im Türkischen Lager die Pest aus und raffte Hunderte dahin. Der Großvezir führte daher schon im November seine Truppen in die Winterquartiere nach Neu-Candia und beließ in den Verschanzungen und Batterien nur soviel Mannschaften, als zur Bewachung und Vertheidigung nothwendig waren. Die Belagerten benutzten diese Ruhe, um ihre Werke wieder auszubessern,

---

*) Eine anschauliche Schilderung der Art, wie der Minenkrieg bei Candia geführt wurde, findet sich in der „Novissima Praxis militaris oder Neu-Vermehrte und Verstärkte Festungs-Bau- und Kriegs-Schul" des Deutschen Ingenieurs J. B. Scheither (Braunschweig 1672). Einen Auszug daraus giebt Anlage 1.

Anlage 1.

den Graben zu reinigen und die zunächstliegenden Laufgräben und Minen der
Türken zu zerstören.   In der Zeit vom 22. Mai bis 10. November hatten
die Vertheidiger 388 Minen gesprengt, 18 Gefechte unter der Erde bestanden
und waren 17 mal ausgefallen.   Die Angreifer sollen 230 Minen gesprengt
haben und 32 mal Sturm gelaufen sein.   Dementsprechend groß waren die
Verluste an Menschen, die sowohl Türken wie Venezianer im Sommer 1667
erlitten.   Bei den Venezianern waren es (nach Nani: Storia Venetiana)
400 Offiziere und 3200 Soldaten; außerdem 73 männliche Einwohner der
Stadt und 2111 (?) Frauen und Kinder, die beim Zutragen von Erde und
Geschossen geblieben waren.   Die Türken sollen 20 000 Mann vor der Festung
gelassen haben.

Diese Verluste zwangen auf beiden Seiten gebieterisch zur Herbeischaffung
von Verstärkungen für die Wiedereröffnung des Feldzuges im kommenden
Frühjahr.   In Venedig machte man die größten Anstrengungen, um frische
Mannschaft anzuwerben und neues Kriegsmaterial bereit zu stellen.   Wiederum,
wie schon beim Beginn des Krieges, ergingen an alle christlichen Mächte
Bitten um Unterstützung an Truppen und Geld, allein sie fielen nicht überall
auf günstigen Boden.   Die Wunden, die der dreißigjährige Krieg vielen
Staaten Europas geschlagen hatte, waren noch zu neu und das gegenseitige
Mißtrauen der Fürsten war zu groß, als daß man auf ein gemeinsames
Eintreten für die fremde Sache hätte hoffen können.

Im Deutschen Reich zeigten sich zunächst nur einzelne geistliche und andere
katholische Fürsten, die den Krieg als einen Kreuzzug gegen die Ungläubigen
ansahen, zur Hülfe bereit.   Die Kurfürsten von Mainz und Köln stellten
je 400 Fußsoldaten, ebenso viel die Bischöfe von Straßburg und Paderborn.   Der
Kurfürst von Bayern versprach sogar 2000 Mann, machte die Gestellung
aber von allerlei Bedingungen abhängig, infolge deren die Absendung in
diesem Jahre unterblieb.*)   Der zum Katholizismus übergetretene Herzog
Johann Friedrich von Braunschweig-Lüneburg stellte drei Regimenter **)
unter dem Generalmajor Grafen Josias von Waldeck, die aber erst Anfang
des Jahres 1669 in Candia eintrafen.   Auch der Kaiser Leopold I. gestattete,
daß in seinen Landen von den Venezianern geworben wurde, und versprach
2000 Mann selbst zu stellen.***)

In Frankreich ließ sich Ludwig XIV. zwar nicht herbei, Truppentheile
seines eigenen Heeres zur Hülfe zu senden, weil er es mit der Pforte
nicht verderben wollte, - allein er sandte 500 000 Livres und gab die Erlaubniß, aus seinen Regimentern Freiwillige anzuwerben, die in die Dienste

---

*) Sie fand aber im nächsten Jahre statt. Vergl. Seite 164. Schon 1665 hatten
Bayerische Truppen in Venezianischen Diensten in Candia gestanden, nämlich das Regiment
Negron, fünf Kompagnien unter dem Oberstlieutenant Gieskoven.

**) Das Leib-Regiment und die Regimenter Molesson und Käßfeld.

***) Diese gingen aber erst so spät ab, daß sie in Venedig anlangten, als Candia
schon gefallen war.

der Republik treten wollten. In Frankreich herrschte damals eine sehr kriegs- ja rauflustige Stimmung. Wo irgendwo in Europa ein Krieg entbrannte, dahin strömte die Jugend des Landes in der Hoffnung, Beute und Ruhm zu gewinnen. Namentlich der Adel widmete sich dem Kriegsdienst mit Vorliebe und wußte das Söldnerhandwerk mit einem Schein von Ritterlichkeit zu umkleiden. Es war die Zeit, in der die französischen Kavaliere parfümirt, mit Spitzen geschmückt und ein Scherzwort auf den Lippen, in die Schlacht gingen und die Welt durch ihre ungestüme Tapferkeit in Erstaunen setzten. Auch jetzt meldete sich zu dem Zuge nach Candia eine große Anzahl von Offizieren und abenteuerlustigen jungen Leuten aus guter Familie. Der Herzog be la Feuillade,*) ein unruhiger Kopf aber tapferer Soldat, unternahm es, aus diesen Freiwilligen eine auserlesene Truppe zusammen zu stellen, mit der er in die Dienste der Republik Venedig trat. Sie bestand nur aus Offizieren und Edelleuten, von denen aber jeder noch einen bewaffneten Diener mit sich führte, der ihm auf dem Marsch den Degen trug und ihm im Gefecht sekundirte. Die Zahl dieser jungen Abenteurer betrug 600, und es befanden sich darunter Vertreter der glänzendsten Namen Frankreichs. Sie erhielten täglich jeder ein Livre Sold, wovon die eine Hälfte die Republik Venedig, die andere der Herzog von Feuillade aus eigener Tasche bezahlte. Am 20. September schiffte sich der Herzog mit seiner Mannschaft auf drei Schiffen ein, die zwar der König von Frankreich gestellt hatte, die jedoch aus Rücksicht gegen die Pforte nicht die Französische sondern die maltesische Flagge führten. Wir werden der abenteuerlustigen Schaar später nach ihrer Ankunft in Candia wieder begegnen. Die Nachricht von der Betheiligung des Französischen Adels an dem Kriege um Candia ließ den Ehrgeiz des Malteser-Ordens nicht ruhen. Er stellte seinerseits 63 Ritter mit 337 bewaffneten Knechten zur Verstärkung des bereits seit längerer Zeit unter dem Obersten de la Tour in Candia fechtenden maltesischen Bataillons.

Spanien versprach neun Kriegsschiffe der seiner Herrschaft unterworfenen Königreiche Neapel und Sizilien zu Hülfe zu senden, setzte sie jedoch erst so spät in Bewegung, daß sie in diesem Jahre nicht mehr zur Mitwirkung kamen.

Auch der Herzog von Savoyen, der schon im Jahre vorher auf eigene Kosten ein Bataillon von 500 Mann nach Candia gesandt hatte,**) verstärkte und ergänzte es im Frühjahr 1668. Dagegen berief er den General Villa, der bisher die Infanterie in der Festung befehligt hatte, zurück, weil er dessen Dienste selbst benöthigte. An Villas Stelle erbat sich der Senat von Venedig von dem König von Frankreich den Generallieutenant Montbrun,***) theils

---

*) Feuillade gehörte zum Gefolge des Königs und war maréchal de camp und lieutenant général des armées du roi.

**) Es befanden sich außerdem noch zahlreiche andere Savoyardische Söldner in Venezianischen Diensten in Candia.

***) Alexander Montbrun, Marquis von Saint André, war 1600 in der Dauphinée geboren, zählte also damals bereits 67 Jahre. Er hatte eine ruhmvolle militärische

weil diesem der Ruf eines tüchtigen Führers vorausging, theils auch um dadurch den König zu ehren, an dessen Wohlwollen der Republik viel gelegen war. Ludwig XIV. gab zwar seine Einwilligung, doch mußte Montbrun ganz aus Französischen Diensten austreten und Venedig den Eid der Treue leisten.

Derjenige Souverän jedoch, der sich am meisten der Noth des Venezianischen Staates annahm, war Papst Clemens IX.*) Er hielt es seiner Würde als Oberhaupt der Christenheit für angemessen, die Sache der Vertheidigung Candias zu seiner eigenen zu machen, und betrachtete den Kampf gegen die Türken als einen heiligen Krieg für den christlichen Glauben. Im Frühjahr 1668 richtete er daher nicht nur an alle christlichen Herrscher Europas Hand=schreiben, worin er auf das Dringendste um Unterstützung Venedigs in dem bevorstehenden Feldzuge bat, sondern er that auch aus eigenen Kräften Alles, was er konnte, um der Republik zu helfen. Aus seinem Staatsschatze be=willigte er 50 000 Skudi, schenkte 100 000 Pfund Pulver, sandte ein Ba=taillon von 500 Mann seiner eigenen Truppen und gestattete den Venezianern eine Werbung von weiteren 700 Mann im Kirchenstaat. Außerdem zog er drei Mönchsorden ein, verkaufte deren Güter und überließ den Erlös von über einer Million Skudi der Republik. Ebenso gestattete er dem Senat von Venedig den Verkauf von Gütern der Kirche des heiligen Markus im Betrage von 800 000 Skudi. Vor Allem aber rüstete er selbst eine Flotte aus, die sich mit der Venezianischen und Maltesischen**) in den Gewässern von Candia vereinigen und während des ganzen Sommers gegen die Ungläubigen kämpfen sollte. Zwar hatten auch schon in den vorausgehenden Jahren zuweilen päpstliche Schiffe auf Seiten der Venezianer sich an den Kämpfen zur See ruhmvoll betheiligt, doch war dies immer nur unregelmäßig, vorübergehend und mit schwachen Kräften geschehen. Clemens IX. aber entschloß sich jetzt, eine für die damaligen Verhältnisse des Kirchenstaates bedeutende Flotte von fünf großen Kriegsschiffen auszurüsten und sie unter dem Kommando seines Neffen, des Bailli des Malteser-Ordens Vincenzo Rospigliosi,*) der Republik Venedig zu Hülfe zu schicken. Ja, um dem ganzen Unternehmen noch mehr den Stempel eines Kreuzzuges aufzudrücken, wurde ausgemacht, daß der Admiral des Papstes, als des Oberhauptes der Christenheit, den Oberbefehl über die gesammten christlichen Streitkräfte zur See übernehmen sollte. Bevor wir deren Schicksale im Jahre 1668 schildern, ist es nöthig, eine kurze Darstellung des Seewesens der damaligen Zeit zu geben.

---

3. Ueberblick über das Seewesen der kriegführenden Staaten.

Im Seewesen des 17. Jahrhunderts hatte sich bereits die Umwandlung der Ruder- in Segelschifffahrt, die durch die großen Entdeckungen des 15. und 16. Jahrhunderts eingeleitet worden war, größtentheils vollzogen. Die hauptsächlich den Atlantischen Ozean befahrenden Völker: Engländer, Holländer, Teutsche, führten in ihren Kriegsflotten fast nur noch hochbordige Segelschiffe von starker Bauart, weil diese allein den Stürmen des Weltmeeres zu trotzen vermochten. Auch Franzosen, Spanier und Portugiesen bauten aus gleichen Gründen wenigstens einen großen Theil ihrer Flotte als Segelschiffe. Die verhältnißmäßige Ruhe und Heiterkeit des Mittelländischen Meeres, der Buchtenreichthum seiner vielgegliederten Küste, endlich die Menge verfügbarer Sklavenhände gestattete dagegen den Völkern des Europäischen Südens, sich zur Fortbewegung der Kriegsschiffe auch noch der Ruder zu bedienen, was ja gegenüber dem ausschließlichen Gebrauche des Segels den Vortheil einer gewissen Unabhängigkeit von Wind und Strömung gewährte. Doch hatten sich auch auf dem Mittelmeer die nur durch Segel bewegten Hochbordschiffe bereits vielfach Geltung verschafft, namentlich für den Handel und Kriegstransporte. Sie erforderten geringere Besatzung, konnten beliebig· lange Zeit in Fahrt

---

*) Rospigliosi stand damals noch in den dreißiger Jahren und hatte schon mehrfach in den Seekriegen der Malteser Proben seiner Tapferkeit gegeben. Doch berechtigten ihn außer seiner nahen Verwandtschaft mit dem Papste keine besonderen Eigenschaften zu einer Stellung, wie sie ihm hier verliehen wurde.

bleiben, ohne die Mannschaft zu ermüden, und waren vor Allem im Stande, sich auf die offene See hinauszuwagen, während die Ruderschiffe infolge ihrer flachen Bauart den Stürmen nicht zu widerstehen vermochten und sich daher stets in der Nähe der Küsten halten mußten, um jederzeit rasch einen Hafen anlaufen zu können.

Man unterschied dementsprechend auch in der Kriegsmarine zwei Hauptklassen: die Galeeren (Italienisch: galea oder galera, Französisch: galère) mit der Abart der Galeassen, und die Segel- oder Hochbordschiffe (auch kurzweg „Schiffe", Italienisch: navi, vascelli, Französisch: vaisseaux genannt).

Die Galeeren hatten sich aus dem antiken Kriegsschiffe, dem flachen Fünfzigruderer, entwickelt und führten auf jeder Seite je eine Reihe von 25 Rudern. Ihre Länge betrug etwa 40 m, ihre Breite an der breitesten Stelle, die nicht ganz in der Mitte sondern etwas nach vorne lag, 5,5 m, die Höhe vom Kiel bis zum Deck am Bug 3,0 m, am Hintersteven 3,5 m, in der Mitte sogar nur 2,5 m. Die so entstehende sehr geringe Bordhöhe war nöthig, weil sonst die Ruder zu lang hätten gemacht werden müssen, aber sie bewirkte auch, daß die Schiffe bei einigermaßen starkem Wellenschlag sich nicht auf die See hinauswagen durften.

Die Galeeren hatten nur ein Deck, auf dem die Ruderer auf Bänken saßen, nur durch den Schiffsbord und Zelttücher gegen Wellen und Wetter geschützt. Zwischen ihnen hindurch lief in der Richtung von vorn nach hinten ein Mittelgang, der zur Verbindung des Vordertheils mit dem Hintertheil diente. Die Ruderbänke standen senkrecht zum Bord und enthielten soviel Plätze, als Ruderer für je ein Ruder gebraucht wurden. Es waren gewöhnlich fünf, die gemeinsam an einem schweren meist 50 Fuß langen Ruder arbeiteten. Dieses lag auf dem etwas über den eigentlichen Schiffsbord hinausragenden Ruderbord im Gleichgewicht, um die Bewegung zu erleichtern. Zu diesem Zweck war das innere 13 Fuß lange Stück mit Blei ausgegossen, so daß es ebensoviel wog, wie das äußere 37 Fuß lange. An dem inneren Theile des Ruders befanden sich soviel Handgriffe, als die Bank Genossen hatte. Der Führer einer solchen „Genossenschaft" (Italienisch: ciurma, Französisch: chiourme) saß am weitesten nach innen und hieß der Vorruderer (vogavante). Die Ruderbank war auch zugleich Wohnung und Schlafstätte der Ruderer, weil sie meist mit Ketten daran gefesselt waren. Man nahm nämlich zu der schweren Arbeit fast ausschließlich Sträflinge oder Sklaven,*) sehr selten fanden sich Freiwillige dazu. Ein volles Jahr war nöthig, um diese Leute an die Anstrengung des Ruderns und des Lebens auf dem Schiffe zu gewöhnen. Ihre Verpflegung bestand aus Zwieback und Wasser, nur im Hafen erhielten sie zuweilen Suppe, Fleisch dagegen nur an den vier höchsten Feiertagen. Trotz dieser Lebensweise erreichten viele ein hohes Alter, falls nicht ansteckende Krankheiten, besonders die Pest, unter ihnen aufräumten.

---

*) Sklaven wurden alle Kriegsgefangenen, die man selbst machte oder ankaufte.

Für gewöhnlich wurde nur ein Drittel der Ruder auf jeder Seite in Bewegung gesetzt, die anderen ruhten. In der Schlacht dagegen, bei besonderer Eile oder ungünstigem Winde, mußten alle Mann gleichzeitig arbeiten. Dies ließ sich natürlich nur für eine begrenzte Zeit durchführen, da sonst Uebermüdung eintrat.

Wenn nun auch das Ruder das Hauptbewegungsmittel der Galeeren bildete, so war es doch nicht das einzige. Gestattete es die Windrichtung und war keine Eile geboten, so kam man mit dem Segel zu Hülfe. Die Galeeren hatten zwei Masten: der Hauptmast stand in der Mitte, etwas mehr nach vorn ein zweiter kleinerer. Jeder von ihnen führte nur ein großes lateinisches (dreieckiges) Segel.

Die Steuerung geschah ähnlich wie heute durch das am Hintersteven in Zapfen (Fingerlingen) befestigte Ruderholz. Doch führten einzelne Galeeren außerdem noch auf jeder Seite am Hintertheil zwei besonders große Handruder, die das Wenden des Schiffes erleichtern sollten.

Als Angriffswaffe trugen die Galeeren vorne etwas unterhalb des Schiffsbords einen breiten eisernen Sporn, womit sie die feindlichen Schiffe anzurennen suchten, um ihn dann als Enterbrücke zu benutzen. Ferner befanden sich auf dem Vordertheil die Geschütze, deren Zahl und Größe sehr verschieden war. Für eine gewöhnliche Galeere rechnete man eine 30- bis 50pfündige Kanone, vier 3- bis 6pfündige Falkonette und acht 12- bis 14pfündige mörserartige Geschütze, also im Ganzen dreizehn. Sie feuerten hauptsächlich nach vorne in der Schiffsrichtung, einzelne aber auch nach der Seite. Zur Vertheidigung waren die Galeeren mit einer Brustwehr rings umgeben. Außerdem errichtete man, um den auch im Seekriege geschätzten Vortheil der Ueberhöhung zu erlangen, vorne ein hölzernes Kastell, das gleichzeitig der Artillerie Schutz gewährte. Das Hintertheil stieg ohnehin höher empor als der übrige Theil des Schiffes; es enthielt die Wohnung des Kapitäns, während die übrige Schiffsmannschaft im Vorderkastell und im Schiffsrumpf Unterkunft fand.

Eine besonders große und starke Form von Ruderschlachtschiffen nannte man Galeassen (Italienisch galeazza, Französisch galéasse). Sie unterschieden sich von den Galeeren hauptsächlich dadurch, daß sie länger und höher waren, bedeutend mehr Geschütze führten, von denen sich auch einige in den Flanken und am Hintertheil befanden, und daß sie drei Masten besaßen.

Die Hochbordschiffe hatten keine Ruder sondern nur Segel, zeichneten sich aber vor den Galeeren durch Größe und starke Geschützausrüstung aus. Ihr Rumpf lud vom Kiel her weit aus und stieg außerordentlich hoch auf. Sie hatten zwei bis drei Verdecke übereinander, und am Vorder- und Hintertheil erhoben sich außerdem noch Kastelle, die ebenfalls aus mehreren Stockwerken bestanden und gewöhnlich reich mit Schnitzwerk, Malerei und Vergoldung geschmückt waren. Die Hochbordschiffe besaßen zwar meist nicht die Länge der Galeeren, waren aber viel breiter. Sie führten drei Masten, jeden mit mehreren viereckigen Segeln, sowie ein Bugspriet, worauf sich ganz vorne

2*

noch ein vierter kleiner Maſt erhob. Der Bord war 1,5 m hoch und diente zugleich als Bruſtwehr. Die Artillerieausrüſtung der Hochbordſchiffe war außerordentlich ſtark. Sie führten Geſchütze nicht nur im Vorder- und Hinterkaſtell ſondern auch in den Flanken, und zwar in mehreren Reihen übereinander; die Zahl wechſelte von 40 bis 100.

Was die Seetaktik der damaligen Zeit betrifft, ſo richtete ſie ſich nach der Zuſammenſetzung der Flotte. Beſtand dieſe nur aus Galeeren, ſo erfolgte deren Aufſtellung gewöhnlich in vier Geſchwadern: Centrum, rechtem und linkem Flügel und Reſerve. Jedes Geſchwader hatte einen eigenen Führer, der Oberbefehlshaber hielt ſich gewöhnlich im Centrum auf. Rechter und linker Flügel waren beide etwas vorgebogen, ſo daß die ganze Aufſtellung die Form eines Halbmondes bekam, deſſen Hörner nach vorn zeigten. Dieſer Aufſtellung lag die Abſicht zu Grunde, den Feind mit den Flügeln zu umfaſſen, während Centrum und Reſerve ihn von vorn angriffen. Einzelne beſonders gutbemannte Schiffe, bei den Venezianern gewöhnlich die Galeaſſen, gingen dabei als Vorhut voraus.

Obwohl die Galeerenflotte vom Winde faſt unabhängig war, ſuchte ſie doch längeres Manövriren zu vermeiden, da die Rudermannſchaft bald ermüdete und die Schiffe dadurch an ihrer Bewegungsfähigkeit ſehr verloren.

Beim Kampfe ſelbſt kehrten die Galeeren dem Gegner möglichſt das Vordertheil zu, weil ſie ſelbſt ihm dadurch ein ſchmaleres Ziel boten und weil ſie von hier aus die beſte Schußwirkung hatten. Ihr eigenes Beſtreben aber ging dahin, die feindlichen Schiffe von der Seite zu faſſen, ſie durch Geſchützfeuer zum Untergehen zu bringen, oder ihnen den Sporn in den Rumpf zu rennen. Gelang das, ſo wurde geentert und im Nahgefecht die Entſcheidung geſucht.

Beſtand die Flotte nur aus Segelſchiffen, ſo verſuchte ſie zu manövriren und dem Feinde eine Flanke abzugewinnen, um einen umfaſſenden Angriff ausführen zu können. Hierzu war aber die halbmondförmige Aufſtellung nicht geeignet, man wählte vielmehr gern eine Art ſchiefer Schlachtordnung. War der Wind hierfür nicht günſtig, ſo ſuchte man ſich dem Gegner in möglichſt breiter Schlachtlinie in Front zu nähern, um ihn zu überflügeln. Kleine und große Fahrzeuge wechſelten dabei mit einander ab; zwiſchen ihnen blieb jedesmal ein Abſtand von drei bis vier Schiffslängen. Die Schiffe mußten dem Feinde im Gefecht die Seite zukehren, da ſie von hier aus die beſte Artilleriewirkung hatten. Bei völliger Windſtille waren die Hochbordſchiffe natürlich unbeweglich und konnten keine Schlacht liefern.

Kämpften nur Segelſchiffe gegeneinander, ſo entſchied gewöhnlich ſchon der Artilleriekampf. Selten gelang es den Gegnern, ſich einander ſo weit zu nähern, daß von Schiff zu Schiff geentert werden konnte. Zuweilen ſetzte man aber auch Boote mit Bewaffneten aus, fuhr mit dieſen an das feindliche Fahrzeug heran und ſuchte ſich ſeiner durch Erſteigen zu bemächtigen.

Sah sich eine Segelflotte von Ruderschiffen angegriffen, so versuchte sie eine Stellung im Viereck oder im Kreise einzunehmen, um den Feind durch ihr Geschützfeuer fern zu halten. Doch ist es einleuchtend, daß sie, weil in einer solchen Formation unfähig zu manövriren, sich dem beweglichen Feinde gegenüber im Nachtheil befand.

Waren in einer Flotte Segel- und Ruderschiffe vereinigt, so nahmen diese die Segler bei ungünstigem Winde ins Schlepptau und brachten sie in einer geeigneten Stellung zum Aufmarsch. Darauf machten sie rasch die Front frei, begaben sich auf die Flügel und suchten nun von hier aus, während die Segelflotte im Centrum kämpfte, den Gegner in der Flanke zu fassen. Ein solches Manöver war jedoch in der Nähe eines thätigen Gegners schwierig und gefährlich.

Was nun die Flotten der einzelnen an dem Kriege um Candia betheiligten Staaten betrifft, so besaßen die Venezianer sowohl Galeeren als auch Hochbordschiffe. Diese dienten hauptsächlich zum Transport von Truppen und Kriegsmaterial und wurden zum Kampfe auf offener See nur verwendet, wenn die Zahl der Galeeren nicht ausreichte. Sie bildeten dann gewöhnlich eine besondere Flottenabtheilung unter einem eigenen Führer (capitano straordinario delle navi). Wegen ihrer geringeren Manövrirfähigkeit wies man den Hochbordschiffen am liebsten eine feste Station an, wo sie längere Zeit bleiben konnten, während die Galeeren nach allen Richtungen die See befuhren und sich umschauten, wo es etwas zu thun gab. Die gesammte Flotte stand unter dem Kommando des (ungefähr dem Rang eines Admirals gleichstehenden) capitano straordinario d'armata, doch gab es für die eine eigene Flottenabtheilung bildenden Galeassen noch einen besonderen Kommandeur (capitano straordinario delle galeazze). Die Galeassen wurden fast immer in der Vorhut verwendet und gingen dem Gros der Flotte oft weit voraus. Die Führung einer Galeasse galt als eine besondere Ehre, und nur gewisse vornehme Adelsgeschlechter Venedigs besaßen das Vorrecht dazu.

Die Bemannung der Venezianischen Flotte an Matrosen und Seesoldaten rekrutirte sich fast ausschließlich aus den Bewohnern der im Besitz der Republik befindlichen Küstenländer des adriatischen Meeres. Hier lebte ein zähes, verwegenes und mit den Gefahren der See vertrautes Volk, das sich wie kein anderes zum Schiffsdienst eignete. Nur die Offiziers- und Kapitänsstellen behielten sich die Venezianer für die Mitglieder ihres eigenen zahlreichen Adels vor, der diesen Beruf als seine Bestimmung und sein Vorrecht betrachtete. Während die Republik ihre Landkriege meist durch ausländische Generale und fremde Soldtruppen führen ließ, drängte sich die

Jugend Venedigs zum Seedienst.*) Hier fühlte sie sich zu Hause, hier
entfaltete sie eine Kühnheit und Thatkraft, die zur Bewunderung hinreißen.
Die viele Jahrhunderte währende Gewohnheit des Lebens auf und mit dem
Meere schuf ein Geschlecht von Seefahrern, das sich auf dem Wasser wie
auf seinem ureigenen Elemente bewegte, und dem das Gefühl der Sicherheit
und Beherrschung aller technischen Schwierigkeiten eine starke Initiative verlieh. Die Venezianische Flotte verdankt fast alle ihre zahlreichen Siege der
rücksichtslosen Thatkraft, mit der sie stets zum Angriff vorging. Ihr Bestreben war immer darauf gerichtet, dem Gegner die Luvseite abzugewinnen,
um sich die Vortheile der Offensive zu sichern. Gelang ihr dies, so stürzte
sie sich, sobald sie gefechtsbereit war, auf den Feind, gleichviel ob schwächer
oder stärker als dieser, und zwar mit einem Ungestüm, dem Niemand zu
widerstehen vermochte. Mußten sich doch die Kapitäne der Galeassen sogar
eidlich verpflichten, es mit fünf feindlichen Schiffen zugleich aufzunehmen,
und oft genug haben sie gegen solche Uebermacht siegreich bestanden.

Auch die Osmanische Kriegsflotte war aus Segel- und aus Ruderschiffen zusammengesetzt, doch führte sie im Verhältniß mehr Segler als die
Venezianische. Eine den Galeassen ähnliche Schiffsklasse hieß Maonen.
Außerdem besaßen die Türken große Mengen kleinerer Schiffe für den Truppen-
transport (Galeotten, Felukken, Brigantinen**), mit denen sie die zahlreichen
kleinen Häfen des Aegäischen Meeres, die für die anderen Kriegsschiffe nicht
tief genug waren, anlaufen konnten.

Obwohl die Türken auch auf dem Meere ihre kriegerische Tüchtigkeit
nicht verleugneten, so waren sie doch keine besonderen Seeleute. Ihre Schiffe
wurden meist mit den zum Islam übergetretenen Griechischen Anwohnern der
Küsten des Aegäischen Meeres bemannt und waren schwerer und unbehülflicher
als die Venezianischen. Sie vermochten auch im Gefecht nicht so gewandt
zu manövriren wie ihre Gegner, so daß diese häufig schon zum Angriff vor-
brachen, bevor die Osmanische Flotte ganz zum Aufmarsch gekommen war.
Die Türken scheuten daher den Kampf auf offener See, sie suchten meist die
Leeseite, hielten sich in der Vertheidigung und machten ein Gefecht gern in
der Nähe eines Hafens ab, wo sie rasch Zuflucht fanden.

---

*) Der Venezianer eignete sich wenig zum Landsoldaten und hielt es auch für unter
seiner Würde, als Fußknecht zu dienen. Selbst der Adel setzte keine Ehre darin, Landtruppen
zu befehligen, ja man betrachtete denjenigen, der sich bei den Söldnern beliebt zu machen
wußte, mit unverhohlenem Mißtrauen, weil man stets die Gefahr einer Diktatur fürchtete.

**) Galeotten waren den Galeeren ähnlich gebaut, aber von bedeutend kleineren
Abmessungen. Sie führten 30 bis 40 Ruder, die nur von einem oder zwei Mann bewegt
wurden, ein Segel und 2 bis 3 Geschütze auf dem Vordertheil. Man verwendete sie
selten zum Gefecht auf offenem Meer, sondern meist zum Schutze der Häfen und Küsten.

Felukken waren noch kleiner, hatten nur 6 bis 10 Ruder, einen Mast und 1 bis
2 Geschütze.

Brigantinen (Briggs) wurden nur durch Segel bewegt, hatten zwei Masten und
5 bis 10 Geschütze in den Flanken.

Die Französische Kriegsmarine besaß ebenso wie die Venezianische bereits eine ruhmvolle Geschichte. Sie war indeß im 16. Jahrhundert arg vernachlässigt worden und stand auch noch unter Heinrich IV. hinter der anderer Staaten zurück. Erst Richelieu verdankte sie es, daß sie im Anfang des 17. Jahrhunderts auf einen der politischen Bedeutung Frankreichs entsprechenden Standpunkt gelangte. Der Kardinal-Minister ließ sich selbst von Ludwig XIII. unter dem Titel „grand maistre et surintendant de la navigation et du commerce" die oberste Leitung aller Marineangelegenheiten und die Führung der Flotte übertragen, befahl den Bau zahlreicher neuer Schiffe und gab der gesammten Kriegsmarine zum ersten Mal eine bestimmte Organisation sowie eine feste Dienstvorschrift. Er hinterließ bei seinem Tode eine zahlreiche vortrefflich ausgerüstete Flotte, deren Bemannung in den Kämpfen gegen die Hugenotten, England und Spanien geschult war. Während der Minderjährigkeit Ludwigs XIV. wurde indeß die Entwickelung der Seestreitkräfte Frankreichs wieder sehr vernachlässigt. Erst als der junge König selbst zur Herrschaft gelangt war, nahmen sie, besonders durch die Bemühungen des Ministers Colbert, einen neuen glänzenden Aufschwung. Von 30 Fahrzeugen im Jahre 1665 erhob sich die Französische Flotte 1672 auf 100 und 1681 sogar auf 180 große Schiffe mit einer Besatzung von 70 000 Mann. Die Französischen Streitkräfte zur See zerfielen, der geographischen Lage Frankreichs entsprechend, in zwei Abtheilungen, die des Atlantischen Ozeans und die des Mittelmeeres. Die erste, deren Hauptstationen sich in dem neu geschaffenen Kriegshafen Rochefort und in Le Hâvre befanden, bestand fast ausschließlich aus Hochbordschiffen, da Galeeren zur Fahrt auf dem Weltmeer wenig geeignet waren. Die andere setzte sich je zur Hälfte aus Segel- und Ruderschiffen zusammen; sie hatte ihre wichtigsten Stationen in Marseille und Toulon. Galeeren und Hochbordschiffe bildeten je eine besondere Flottendivision und operirten — entsprechend der sehr verschiedenen Art ihrer Schifffahrt — meist von einander getrennt, wenn auch zu gemeinsamem Zweck. Der Führer der Galeeren hieß „général des galères", der der Hochbordschiffe „amiral des vaisseaux". Die Flotte deckte ihren Mannschaftsersatz aus der seegewohnten Küstenbevölkerung namentlich der Normandie und des Languedoc. Die Offizierstellen, wenigstens die höheren, waren ausschließlich dem Adel vorbehalten und käuflich; auch vertheilte sie der König vielfach nach Gunst und Willkür. Seemännische Kenntnisse waren daher unter dem Offizierkorps der Marine wenig verbreitet, man überließ vielmehr die eigentliche Führung der Schiffe gern den Lootsen und maitres d'équipage. Allein die Französischen Seeoffiziere ersetzten den Mangel an technischer Schulung durch kecken Wagemuth und eine gewisse fröhliche Lust an Abenteuern und Gefahren, Eigenschaften, die von besonderem Werth sein mußten in einer Zeit, in der wegen der geringen Beweglichkeit der Schiffe der Erfolg in der Schlacht weniger von dem geschickten Manövriren als vielmehr von der Tapferkeit und Ausdauer der Besatzung abhing.

Die Päpstliche und die Maltesische Kriegsflotte bestanden nur aus Galeeren, in Bauart und Verwendung der Venezianischen gleich.*)

---

4. Vereinigung der christlichen Flotten vor Candia im Frühjahr 1668.

Mitte Mai 1668 lag die Päpstliche Flotte an der Mole von Civitavecchia, dem Kriegshafen des Kirchenstaates, zur Abfahrt bereit. Sie bestand aus fünf Galeeren, zwei Truppentransportschiffen und einer schnellfahrenden Felukke zum Ueberbringen von Befehlen.**)

Das Flaggschiff war die „Capitana", auf dem der Admiral Rospigliosi jedoch nur mit einem Theil seines Gefolges Unterkunft fand, während der Rest auf die anderen Schiffe vertheilt werden mußte. Er führte nämlich außer seinem persönlichen Stabe noch eine größere Zahl von Edelleuten, meist Mitgliedern des Malteser-Ordens, mit sich, die den Krieg in seinem Gefolge als Freiwillige mitmachen wollten. Außerdem befand sich auf der Flotte noch eine andere Persönlichkeit, von deren Mitnahme man sich großen Erfolg versprach. Es war dies der im Beginn des Krieges im Jahre 1644 von den Maltesern gefangen genommene Sohn des verstorbenen Sultans Ibrahim und Bruder des jetzigen Mohammed IV., der unter dem Namen Pater Tomasso Ottomano Mitglied des Dominikaner-Ordens geworden war.***) Der Venezianische Gesandte in Rom, Antonio Grimani, war zuerst auf den Gedanken gekommen, die Anrechte auf den Türkischen Thron, die dieser junge Mann besitzen sollte, denn er war älter als der regierende Sultan, geltend zu machen, um mit seiner Hülfe vielleicht einen Aufstand in der Türkei zu erregen. Nachdem der Papst seine Einwilligung gegeben hatte, ließ man den Pater Ottomano nach Rom kommen und veranlaßte ihn, sich auf der Päpstlichen Flotte einzuschiffen, um sich mit dieser zunächst nach Candia zu begeben. Die weitere Ausnutzung dieses politischen Schachzuges übertrug der Senat

---

*) Die Führer dieser Flotten hießen „Generale der Galeeren Sr. Heiligkeit" und „des Ordens", doch werden sie — ebenso wie der Französische général des galères — in dem Folgenden der Kürze halber Admirale genannt werden.

**) Die Namen der Schlachtschiffe waren:

Galeere	„Capitana",	Kapitän	Petrucci,
,,	„Padrona",	,,	Abelasio,
,,	„S. Caterina",	,,	Fabroni,
,,	„S. Alessandro",	,,	Spreti,
,,	„S. Pietro",	,,	Bontempi.

***) Vergl. Seite 144.

von Venedig dem Generalkapitän Morosini, weil dieser mit den Verhältnissen am meisten vertraut war.

Am 19. Mai gegen Mittag stach die Päpstliche Flotte in See, am
20. Mai früh traf sie vor Gaëta*) ein und blieb hier zunächst auf der
Rhede liegen. Der Grund, warum sie nicht sogleich nach ihrem nächsten
Reiseziel Neapel weiterging, war der, daß zunächst ein Abkommen wegen der
beim Einlaufen in den Hafen von Neapel zu beobachtenden Begrüßungs-
feierlichkeiten getroffen werden mußte. Die Frage des Ceremoniells, die überhaupt im geselligen und politischen Verkehr des 17. und 18. Jahrhunderts
einen so breiten Raum einnahm, war hier, wie auch später häufig, die Ursache
von Streitigkeiten und Verzögerungen, ja sie stellte sogar mehrmals die
ganze Einigkeit der christlichen Streitkräfte in Frage. Es ist daher unver-
meidlich, in der nachfolgenden Darstellung auch zuweilen des Etikettengezänks
zu gedenken, soweit es auf den Gang der Ereignisse Einfluß hatte. Hier bei
Neapel konnten die Schwierigkeiten erst nach dreitägiger Verhandlung gelöst
werden. Rospigliosi fand dann aber bei dem Spanischen Vizekönig von
Neapel, Don Pedro de Aragon, eine glänzende Aufnahme und verzögerte deshalb seinen Aufbruch bis zum 27. Mai.

Sein nächstes Ziel war Messina, wo er sich mit der Maltesischen Flotte
vereinigen sollte, allein widrige Winde und abermals Verhandlungen wegen
des Ceremoniells beim Einlaufen in den Hafen verzögerten die Ankunft bis
zum Abend des 5. Juni.

Die in Messina bereits anwesende Maltesische Flotte**) unter dem Befehl des Admirals Accarigi fuhr der Päpstlichen sechs Meilen***) entgegen und
begrüßte das Banner der Kirche mit einem Königssalut sämmtlicher Geschütze
und Musketen.

Infolge des ungünstigen Wetters wurde die Weiterfahrt, die von beiden
Flotten gemeinsam unternommen werden sollte, bis zum Abend des 12. Juni
verschoben. Wie die ganze damalige Schifffahrt mit den Ruderfahrzeugen
noch immer den Küsten folgte, so wagte man es auch jetzt nicht, den geraden
Weg nach Candia einzuschlagen aus Furcht, auf offener See von einem
Sturm überrascht zu werden, dem die flachen, schwerfälligen Galeeren wenig
gewachsen waren. Die Fahrt ging daher zunächst längs der Küste von
Calabrien und dann an der Südostspitze von Italien, dem Kap Santa

---

*) Siehe die Uebersichtskarte.

**) Sie bestand aus folgenden Schiffen:

1.	Galeere	„Capitana",	Kapitän	Tancredi,
2.	"	„Padrona",	"	Pappacoda,
3.	"	„Magistrale",	"	Seómaison,
4.	"	„S. Nicola",	"	Feuilles,
5.	"	„S. Pietro",	"	Airoli,
6.	"	„S. Luigi",	"	Maisonjeule,
7.	"	„S. Giovanni",	"	Hunières.

***) Es sind hier und in dem Folgenden stets Römische Meilen, gleich 1,47 km, gemeint.

Maria vorbei nach Corfu, wo die vereinigte Flotte am 15. Juni eintraf. Die Päpstlichen Schiffe waren nunmehr bereits vier Wochen unterwegs. Die Jonischen Inseln befanden sich damals im Besitz der Republik Venedig. Rospigliosi erfuhr hier durch einen Brief des Venezianischen General-Kapitäns Morosini, daß dieser mit fünf Galeassen und 15 Galeeren bei der Insel San Teodoro vor der im feindlichen Besitz befindlichen Hafenfestung Canea liege, um zu verhüten, daß die Türken dort Verstärkungen ausschifften. Da bereits das Herannahen einer starken feindlichen Flotte gemeldet sei, so ersuchte ihn Morosini, sobald wie möglich sich mit ihm zu vereinigen.

Rospigliosi erklärte sich zur baldigen Abfahrt bereit, bat aber zugleich den Generalkapitän, ihm einen Theil der Venezianischen Flotte zur Unterstützung nach der Insel Cerigo entgegenzuschicken, weil er erfahren habe, daß sich bei der Insel Sapienza (an der Südwestspitze der Halbinsel Morea) zehn feindliche Corsarenschiffe aufhielten, die dort den nach Candia gehenden Transporten auflauerten.

Trotz der Zusicherung baldiger Abreise brach die vereinigte Päpstlich-Maltesische Flotte doch erst am Morgen des 25. Juni von Corfu auf und nahm 3 Venezianische Galeeren sowie 9 Transportschiffe mit Truppen und Kriegsbedarf, die für Candia bestimmt waren, mit. Die gefürchteten Corsaren-schiffe zeigten sich bei Sapienza nicht, und am 5. Juli wurde die Insel Cerigo erreicht. In der Nacht vom 6. zum 7. Juli traf hier ein Venezianisches Fahrzeug ein, das von Athen kam, und theilte mit, eine Türkische Flotte von 45 Galeeren und 8 Hochbordschiffen liege in den Dardanellen bereit, um sich nach Canea zu begeben. Rospigliosi entschloß sich daher, so schnell wie möglich die Vereinigung mit der Venezianischen Flotte anzustreben. Am Morgen des 7. Juli wurde aufgebrochen mit der Absicht, noch an demselben Tage die sichere Bucht von Suda auf der Insel Candia*) zu erreichen. Als gegen Abend das Cap Spada umschifft war, meldete die Vorhut eine große Zahl von Kriegsschiffen in einer Entfernung von 15 Meilen, vom Cap Melecha herkommend, in Sicht. Anfangs befürchtete man, auf den Feind gestoßen zu sein, aber bald stellte es sich heraus, daß es die Venezianische Flotte war, die im Begriffe stand, aus der Bucht von Suda, wo sie Wasser eingenommen hatte, nach der Insel San Teodoro zurückzukehren. Beide Flotten setzten nun gemeinsam ihren Weg fort bis San Teodoro, wo sie am 8. Juli eine Stunde vor Tagesanbruch eintrafen.

---

*) Siehe den Plan der Insel. Die kleine, innerhalb der Bucht auf einer Insel gelegene Festung Suda befand sich noch in den Händen der Venezianer. Weshalb Rospigliosi nicht nach der näher gelegenen Insel San Teodoro ging, wo er doch die Venezianische Flotte vermuthen mußte, ist unklar.

5. Ereignisse zur See im Jahre 1668.

Bevor in dem Bericht über die Thätigkeit der vereinigten christlichen Flotte im Sommer 1668 fortgefahren wird, ist es nöthig, die bisherigen Ereignisse zur See in diesem Jahre nachzuholen. Seit Eröffnung des Feldzuges im Frühjahr 1668 hatten auch die Türken die größten Anstrengungen gemacht, um das Belagerungsheer vor Candia zu verstärken und besser auszurüsten. Bisher waren sie aber im Besitz nur eines Hafens gewesen, der sich zum Ausschiffen von Truppen und Kriegsmaterial brauchbar erwies, nämlich Canea. Von hier mußte dann Alles 128 km weit auf beschwerlichen Wegen nach Candia geschafft werden, ein Uebelstand, der sich namentlich in der schlechten Jahreszeit bemerkbar machte und die Fortschritte der Belagerung ungemein verzögerte. Der Großvezir ließ daher die nur vier Stunden von dem Türkischen Lager vor Candia in der Nähe des Caps Sonzontos befindliche kleine Bucht von San Pelagio befestigen und mit Landungsvorrichtungen versehen in der Absicht, hier einen Theil der Zufuhren auszuschiffen. Die Stelle war aber insofern ungünstig gewählt, als sie sich zu nahe dem Wirkungsbereich der bei Candia liegenden Venezianischen Kriegsschiffe befand. Die Flotte der Republik hatte nämlich den Winter theils im Hafen dieser Festung theils in den geschützten Buchten der nur 12 Seemeilen nördlich davon gelegenen Insel Stantia (Dia) in desarmirtem Zustand zugebracht. Als nun die Absicht des Großvezirs bezüglich San Pelagios durch Ueberläufer bekannt wurde, ließ Morosini 7 Galeeren in Stand setzen und bemannen und sandte sie unter dem Kommando des proveditore ordinario d'armata*) Lorenzo Cornaro aus, um vor San Pelagio zu kreuzen und jede Zufuhr der Türken dorthin abzuschneiden.

Die geringe Zahl dieser Schiffe gab nun dem Großvezir den Plan ein, einen Handstreich gegen sie zu versuchen und, wenn dieser gelungen, sich sofort auch der Insel Stantia zu bemächtigen, dort Batterien zu errichten und damit den Aufenthalt der christlichen Flotte in den schützenden Buchten der kleinen Insel unmöglich zu machen. Er würde den Venezianern hierdurch einen um so größeren Schaden zugefügt haben, als inzwischen der größte Theil des Hafens von Candia, namentlich der Eingang dazu, wie bereits erwähnt, von eigens zu diesem Zweck erbauten Türkischen Batterien unter Feuer genommen worden war und daher nur noch wenig Schutz gewährte. Wäre es den Türken nun auch noch gelungen, Stantia in Besitz zu nehmen, so war die Venezianische Zufuhr nach Candia so gut wie abgeschnitten, und gerade auf der Möglichkeit, stets Truppen und Heeresbedarf nach Belieben dort hinzuschaffen, beruhte ja hauptsächlich der lange Widerstand der Festung.

---

*) Soviel wie Vize-Admiral.

Der Großvezir ließ daher zur Ausführung seines Planes zwölf Galeeren aus Canea nach Rettimo kommen und bemannte sie dort mit 2000 Janitscharen. Von Rettimo gingen dann diese Schiffe heimlich nach dem nur eine Stunde von S. Pelagio gelegenen kleinen Orte Fodella und legten sich hier in der Nähe des Ufers versteckt auf die Lauer, um die sieben Galeeren Cornaros zu überfallen, wenn sie sich auf ihren Kreuzfahrten näherten. Den Befehl über die Türkischen Schiffe führte Durak-Pascha, einer der gefürchtetsten Korsaren seiner Zeit; die Janitscharenbesatzung kommandirte Chalil-Pascha.

Inzwischen hatte Morosini aber auch von diesem Plane des Großvezirs Kenntniß erhalten und beschlossen, ihn zu durchkreuzen. Er ließ schleunigst noch 13 Galeeren in Dienst stellen, besetzte sie mit 800 ausgesuchten Seesoldaten und übernahm selbst den Oberbefehl darüber. Am Morgen des 8. März brach er von Stantia auf, vereinigte sich bei San Pelagio mit den sieben Galeeren Cornaros und näherte sich gegen Abend Fodella. Während er sich selbst mit der Hauptmacht soweit zurückhielt, daß er nicht gleich gesehen werden konnte, gingen die von dem Gegner erwarteten Schiffe Cornaros allein voran. Die Türken ließen sich in der That durch die List Morosinis täuschen. Sie bemerkten in der Dunkelheit nur die Vorhut der Venezianer und brachen sofort aus ihrem Versteck dagegen hervor. Getreu ihrer gewohnten Kampfesweise warteten auch diesmal die Galeeren Cornaros den feindlichen Angriff nicht ab, sondern gingen den Türken mit ihrem Schlachtruf: „San Marco!" kühn entgegen. Der Anprall war so gewaltig, daß die Schiffe sofort fest ineinander geriethen, zum Nahgefecht übergehen mußten und von ihrer Artillerie fast keinen Gebrauch machen konnten. Der Uebermacht der Türken würden die Venezianischen Galeeren doch wohl unterlegen sein, wenn nicht inzwischen Morosini mit dem Gros herangekommen wäre. Er griff die Türken überraschend in Flanke und Rücken an, ließ Windfackeln und schwer verlöschliche Feuerwerkskörper in die feindlichen Fahrzeuge werfen, die nun mit ihren Flammen den nächtlichen Kampf beleuchteten, und verstand es trotz der allgemeinen Verwirrung, von seiner Artillerie wirksamen Gebrauch zu machen. Die Türken wehrten sich mit dem Muthe der Verzweiflung. Von 10 Uhr abends bis morgens 4 Uhr dauerte der Kampf. Als aber Durak-Pascha gefallen, eine Türkische Galeere in die Luft geflogen, eine andere gesunken war, entschied sich der Sieg zu Gunsten der Venezianer. Fünf Türkische Schiffe fielen in ihre Hände, den fünf übrigbleibenden gelang es, nach Rettimo zu entkommen. Nur eine Venezianische Galeere hatte ernstlichen Schaden genommen, dagegen waren die Verluste an Mannschaft bedeutend: 12 Offiziere, 210 Soldaten, 120 Ruderer todt; 8 Offiziere, 500 Soldaten, 325 Ruderer verwundet. Die Verluste der Türken sind nicht genau bekannt, doch müssen sie ebenfalls außergewöhnlich hoch gewesen sein, denn es fielen den Venezianern allein 410 unverwundete Gefangene in die Hände. Außerdem wurden 1100 christliche Rudersklaven befreit, von denen ein großer Theil Venezianische Kriegsdienste nahm und so die durch die

Schlacht entstandenen Lücken wieder ausfüllte. Dieser Sieg war von großer Bedeutung für den Fortgang des Krieges. Er bewies von Neuem die Ueberlegenheit der Republik zur See, er erweckte frische Hoffnungen in Venedig und gab dort den Anstoß zu einer Wiederbelebung der Rüstungen. Vor Allem aber machte er es der in den Darbanellen bereitliegenden Türkischen Flotte unmöglich, nach Candia zu gelangen. Morosini begab sich nämlich, nachdem er den in der Schlacht erlittenen Schaden an seinen Schiffen ausgebessert hatte, mit einem Theil der Flotte in den Archipelagus, um dort den Türkischen Zufuhren aufzulauern, während er den Proveditore Cornaro mit dem Rest der Schiffe*) in den Gewässern von Candia kreuzen ließ. Da aber die Türkische Flotte in den Darbanellen durchaus keine Miene machte, ihren sicheren Aufenthalt zu verlassen, so kehrte der Generalcapitän Anfang Mai wieder nach Candia zurück und vereinigte sich dort mit den Galeeren Cornaros.

Inzwischen hatten sich aber auf der Flotte Fälle von Pest gezeigt, die mit der in der Seeschlacht bei Fodella gemachten Beute von den Türkischen Schiffen eingeschleppt worden war. Um diese schreckliche Krankheit nicht auch in die belagerte Festung zu übertragen, brach Morosini sofort jeden Verkehr des Landheeres mit der Flotte ab und führte diese in die Bucht von Canea. Die Leitung der Vertheidigung in Candia übergab er dem neuen General-Proveditore Nani, der in dieser Stellung seinen Vorgänger Antonio Barbaro**) abgelöst hatte. Bei der nur etwa 13 km von Canea entfernten Insel S. Teodoro lagen nun die Venezianischen Schiffe bis zu ihrer Vereinigung mit den Päpstlich-Maltesischen am 8. Juli. An diesem Tage, einem Sonntage, morgens 10 Uhr erfolgte die feierliche Begrüßung der verbündeten Flotte. Ueberall wurden die Flaggen gehißt, die Venezianer salutirten zuerst mit drei Königssalven aller Geschütze und Musketen, und die Päpstlichen und Malteser antworteten in gleicher Weise. Bald darauf erschien Morosini auf dem Admiralschiff Rospigliosis im rothen Galagewand, begleitet von seinen acht rangältesten Offizieren.***) Er sprach sich sehr ausführlich über die

---

*) 5 Galeeren und 7 Hochbordschiffe. Außerdem kreuzte bei Cap Salomon ein Geschwader von 10 Hochbordschiffen, und es befand sich eine größere Zahl desarmirter Fahrzeuge im Hafen von Candia.

**) Vergl. Seite 123.

***) Diese waren:

1. Leonardo Moro, proveditore straordinario d'armata (Admiral der gesammten Flotte);
2. Lorenzo Cornaro, proveditore ordinario d'armata (Vizeabmiral);
3. Girolamo Navagiero, capitano straordinario delle galeazze;
4. Giuseppe Morosini, capitano straordinario delle galere;
5. Alessandro Molini, capitano straordinario delle navi;
6. Aloise Magno, capitano straordinario in golfo (Kommandant sämmtlicher Häfen im östlichen Mittelmeer);
7. Faustino da Riva, tenente generale (Kommandant der Seesoldaten);
8. Angelo Morosini, commissario pagatore (Intendant).

ganze Kriegslage aus und verabredete mit Rospigliosi, sobald wie möglich einen allgemeinen Kriegsrath abzuhalten, in dem man sich über die weitere Thätigkeit der vereinigten Flotte schlüssig werden wollte. Diese Berathung fand denn auch am 10. Juli statt und führte zu dem Entschluß, den Posten von S. Teodoro so lange als möglich festzuhalten, um jeden Versuch der Türken, dort Ausschiffungen für das Belagerungsheer vor Candia vorzunehmen, zu vereiteln. Morosini war also von dem früheren System der Venezianer, die Dardanellen zu sperren, ganz abgekommen und zwar deshalb, weil die Türken ihre Verstärkungen für Candia jetzt nicht mehr in Konstantinopel, sondern in den Häfen der kleinasiatischen oder Griechisch-Thessalischen Küste einschifften. Er hielt es daher für zweckmäßiger, die Ausschiffungspunkte zu sperren, und der Erfolg gab ihm Recht, denn es gelang in der That den Türken in der nächsten Zeit nicht, nennenswerthe Verstärkungen nach Candia zu schaffen.

Die vereinigte Päpstlich-Venezianisch-Maltesische Flotte in der Bucht von Canea war 5 Galeassen und 27 Galeeren stark. Es befanden sich außerdem noch bei ihr zehn Hochbordschiffe und eine Anzahl bewaffneter Galeotten und Brigantinen. Sie lag Tag und Nacht gefechtsbereit, um jeden Augenblick einem anrückenden Feind entgegengehen zu können. Die Aufstellung, in der dies geschah, giebt Anlage 2.

Anlage 2.

Schwierigkeiten verursachte die Beschaffung frischen Wassers, denn die wenigen Quellen auf der Insel S. Teodoro befanden sich im Besitz der Türken, die dort ein kleines Kastell besetzt hielten. Das Wasser mußte daher ziemlich weit hergeholt werden, wozu jedes Mal abwechselnd ein Teil der Galeeren verwendet wurde. Am 14. Juli hatten sich zu diesem Zweck die Päpstlichen und Maltesischen Galeeren gemeinsam nach dem an der Bucht von Suda gelegenen Oertchen Calamio begeben, während die Venezianischen Schiffe bei S. Teodoro zurückblieben. Es wurde bei Calamio zunächst eine bewaffnete Bedeckung von je einer Abtheilung Päpstlicher und Maltesischer Truppen unter Befehl des sergente maggiore di battaglia Tomaso Fiori an Land gesetzt, und darauf folgten die aus Rudermannschaften bestehenden Wasserholer. Kaum aber hatten diese ihre Arbeit begonnen, so erschienen Türkische Truppen zu Pferde und zu Fuß von der nahen Garnison des Städtchens Arpicorna, um das Unternehmen zu stören. Die Bedeckung ging ihnen rasch entgegen und besetzte einen den Anmarschweg der Türken beherrschenden Hügel. Hier entspann sich nun ein längeres Feuergefecht, in dem außer einigen zwanzig Soldaten auch der zum Gefolge Rospigliosis gehörige Cavaliere Compagnoni sowie der Malteserritter de Rabeaudange fielen. Als das Wasserholen beendet war, wurde der Rückzug angetreten und die ganze Mannschaft wieder glücklich an Bord gebracht. Ein ähnlicher Vorfall ereignete sich bereits am 20. Juli wieder. Rospigliosi war mit seinen eigenen und einigen Venezianischen und Maltesischen Galeeren in die Bucht von Kissamo gegangen, um dort Wasser zu holen. Diesmal hatte man aber

die ausgeschifften Bedeckungsmannschaften so stark gemacht, daß sie, als Türkische Truppen von Kissamo her anrückten, zum Angriff vorgehen konnten. Die Türken wurden gezwungen, sich zurückzuziehen, und mußten, hart bedrängt, in den Ruinen eines dicht am Meeresufer liegenden alten Klosters Zuflucht suchen. Hier leisteten sie indeß vier Stunden lang heftigen Widerstand und wiesen mehrere Angriffe zurück. Auch die Galeeren betheiligten sich an dem Gefecht, indem sie sich auf Musketenschußweite am Ufer vor Anker legten und das Kloster bombardirten. Sie erlitten hierbei Verluste durch das feindliche Musketenfeuer; so wurde dicht neben Rospigliosi der Schiffskoch seiner Galeere erschossen. Erst als den Türken die Munition ausging, traten sie den Rückzug an, bei dem sie noch viele Mannschaften verloren. Nachdem die Galeeren Rospigliosis genügend Wasser eingenommen hatten, kehrten sie wieder auf ihren Posten zurück. Bei dieser Gelegenheit trat zum ersten Mal ein Uebelstand hervor, der später den Unternehmungen zur See in diesem Jahre ein frühes und unrühmliches Ende bereiten sollte. Es waren dies die übertriebenen Ansprüche, die die auf der Maltesischen Flotte befindlichen Ordensritter bezüglich des Vorranges vor den Päpstlichen und Venezianischen Offizieren erhoben. Dies Verlangen, das der damaligen Anschauung entsprechend weniger eine Frage der Tapferkeit als vielmehr der Etikette war, wurde von Rospigliosi abgewiesen. Obgleich selbst Mitglied des Ordens, glaubte er doch als Admiral des Papstes, der ja Vorgesetzter des Ordens war, seinen eigenen Offizieren mindestens die gleiche Berechtigung zugestehen zu müssen. Der Malteser bemächtigte sich darauf eine große Aufregung, sie strömten auf der Galeere ihres Admirals Accarigi zusammen und veranlaßten diesen nach einer sehr stürmischen Berathung, nochmals zu Rospigliosi zu gehen und ihre Forderungen entschieden zu wiederholen. Accarigi war auch schwach genug, sich dazu herzugeben, allein er erfuhr von Rospigliosi eine erneute Zurückweisung. Die Ritter ließen darauf durch einen Abgesandten dem Päpstlichen Admiral erklären, sie würden ihm den Gehorsam verweigern, wenn er sie noch einmal gemeinsam mit anderen Truppen verwenden wolle. Rospigliosi begnügte sich damit, ihnen zu erwidern, sie möchten thun, was sie wollten, sie würden sich darüber vor dem Großmeister des Ordens und dem Papst zu verantworten haben. Obwohl diese Angelegenheit somit nicht zum endgültigen Austrage kam, hinterließ sie doch einen Stachel bei den Betheiligten und erregte auch mit Recht das lebhafte Mißvergnügen der Venezianer, die die Unterstützung, die ihnen die Hülfsflotten bringen sollten, durch solche Streitigkeiten sehr in Frage gestellt sahen.

Die Beschaffung des Wassers von weit her verursachte auch fernerhin große Schwierigkeiten und nahm stets viel Zeit in Anspruch, ohne daß der mitgebrachte Vorrath jedesmal länger als einige Tage gereicht hätte. Diesem Uebelstande war nur abzuhelfen, wenn man sich in den Besitz der kleinen Insel S. Teodoro setzte, auf der sich mehrere gute Quellen befanden.*) Diese

*) Siehe die nebenstehende Textskizze.

Inſel, die ſchon im Beginn des Krieges an die Türken verloren gegangen war, wurde durch zwei Forts vertheidigt. Das kleinere, Turluru genannt, lag auf der höchſten Bergſpitze, war ganz verfallen und nicht beſetzt. Das größere, S. Marina, befand ſich auf dem nordöſtlichſten Ausläufer der Inſel und enthielt außer einigen eiſernen Geſchützen eine Türkiſche Beſatzung von etwa 100 Mann. Es hatte, dem Gelände angepaßt, drei Fronten, zwei nach der See zu gerichtet, von der ungefähren Länge von 300 m; die dritte, die Landfront, war durch zwei Halbbaſtione gebildet, deren äußere Spitzen etwa 200 m von einander entfernt lagen. In dem der See zugekehrten Winkel erhob ſich ein ſtarker zur Geſchützvertheidigung eingerichteter Thurm, an den ſich rechts und links noch andere Batterieſtände anſchloſſen. Die Mauern waren niedrig und ohne Erddeckung, doch konnte das Werk im Ganzen als ſturmfrei gelten.

Auf einem am 30. Juli bei Roſpiglioſi ſtattfindenden Kriegsrath wurde nun der Angriff auf das Fort S. Marina für den 3. Auguſt feſtgeſetzt. Obwohl dem Namen nach der päpſtliche Admiral den Oberbefehl über die geſammte Flotte führte, gab doch Moroſini die Angriffsdispoſition aus. Sie lautete:

S. Teodoro, an Bord der „Capitana generale“,
den 2. Auguſt 1668.

Die beiden Galeaſſen der Kapitäne Navagiero und Benzon werden ſich ſo nahe wie möglich vor der rechten (nördlichen) Front des Forts S. Marina vor Anker legen, um dieſe zu beſchießen; in gleicher Weiſe die Galeaſſen der Kapitäne A. Moroſini und Pasqualigo vor der linken (ſüdöſtlichen) Front. Dem der See zugekehrten Winkel gegenüber aber werden ſich die Galeaſſe Piſanis, die drei Admiralsſchiffe, ſowie zwei Päpſtliche, vier Benezianiſche und vier Malteſiſche Galeeren aufſtellen. Auf die rechte Seite des Forts werden ſich ferner ſämmtliche Kähne und Barken der Päpſtlichen Flotte begeben, um dort mit einem Mal 220 Soldaten des heiligen Vaters zu landen. Zu ihrem Schutze werden ſie von den beiden noch übrigen päpſtlichen Galeeren begleitet. Auf der linken Seite des Forts wird ein gleiches von ſämmtlichen Kähnen und Barken der Malteſiſchen Flotte, geſchützt von den zwei noch verbleibenden Galeeren des Ordens, geſchehen, um dort 280 Mann Malteſiſcher Truppen zu landen. Hieran ſchließen ſich zwei Benezianiſche Galeeren mit Kähnen und Barken zum Landen von 300 Soldaten der Republik an. Dieſe ſechs zuletzt genannten Galeeren haben bei der Beſchießung des Forts nicht mitzuwirken ſondern nur das Aus- und Einſchiffen der Landungstruppen zu decken, falls der Feind hiergegen einen Ausfall machen ſollte. Die Ausſchiffungen müſſen außer Schußweite vom Fort ſtattfinden und zwar an einem Orte, wo Platz vorhanden iſt, um die Truppen zum Angriff zu formiren. Für den Beginn der Ausſchiffung wird von der Galeere Sr. Excellenz des Admirals Roſpiglioſi ein Zeichen gegeben werden. Ebenſo werden die zur

Beschießung des Forts bestimmten Galeassen und Galeeren nicht früher ihr
Feuer eröffnen, als bis von der Päpstlichen „Capitana" der erste Schuß
gefallen ist. Die Beschießung wird fortgesetzt, bis sich die Sturmkolonnen
dem Fort soweit genähert haben, daß sie Gefahr laufen, von unseren eigenen
Geschossen getroffen zu werden. Als Zeichen zur Einstellung des Feuers
wird dann auf dem Hintertheil des Päpstlichen Admiralschiffes eine starke
Rauchwolke aufsteigen, worauf Alles, Geschütz und Musketen, sofort zu schweigen
hat. Erst wenn die päpstliche „Capitana" von Neuem anfängt zu schießen,
dürfen auch die anderen Schiffe das Feuer wieder aufnehmen. Sobald die
Truppen an Land gesetzt sind, werden aus den Päpstlichen, Maltesischen und
Venezianischen Mannschaften je zwei Sturmkolonnen gebildet, die unter den
Befehl erfahrener und tapferer Offiziere zu stellen sind. Die Freischärler
des Obersten Angelo Maria Vitali*) werden den Kolonnen als Plänkler
vorangehen, dürfen sich aber nicht weiter als einen halben Musketenschuß
entfernen. Der Aufbruch der sechs Sturmkolonnen kann erst stattfinden, wenn
auf der Päpstlichen „Capitana" an der Raa des Hauptmastes ein großer
rother Wimpel gehißt wird. Der Vormarsch erfolgt von allen Kolonnen
gemeinsam gegen die Landfront des Werkes. Bei der gegen die linke Seite
bestimmten Sturmkolonne gehen die Venezianer voran und machen gerade vor der
Mitte der Landfront Halt, während sich die ihnen folgenden Malteser gegenüber dem linken Halbbastion aufstellen. Ein Gleiches thun die Päpstlichen
Sturmkolonnen gegenüber dem rechten Halbbastion. Der (Venezianische)
Oberst Andrea Facile, dem die Oberleitung über die ganze Unternehmung
zu Lande übertragen wird, sorgt dafür, daß die Sturmkolonnen die richtigen
Wege einschlagen, sich nicht auf dem Marsch dem feindlichen Feuer unnöthig
aussetzen und vor dem Fort zunächst eine gedeckte Aufstellung nehmen. Dann
wird der Versuch gemacht, den Feind durch Musketenfeuer zum Verlassen
der Brustwehr zu zwingen, und, wenn dies gelungen ist, begeben sich von
jeder Kolonne eine Anzahl Mineure an die Mauer, graben schnell ein Loch
darunter und suchen sie mit je 500 Pfund Pulver in die Luft zu sprengen.
Währenddessen wird eine besondere, aus je 10 Mann Päpstlicher, Maltesischer
und Venezianischer Truppen zusammengesetzte Abtheilung besonders tüchtiger
Leute, für die Se. Excellenz der Admiral Rospigliosi die Führer ernennen
wird, und die zur einen Hälfte aus Grenadieren, zur anderen aus Musketieren
besteht, die Arbeiten der Mineure dadurch zu schützen suchen, daß sie Granaten
über die Mauern wirft, diese mit Leitern ersteigt und von oben her in das
Werk hineinfeuert. Ist Bresche gelegt, so unternehmen je eine der Päpstlichen,
Maltesischen und Venezianischen Kolonnen mit Gottes Hülfe den Sturm.

---

*) Vitali war ein aus Korsika stammender Korsarenführer, dem der Senat von
Venedig für seine vielen Kriegsthaten gegen die Türken einen militärischen Rang verliehen
hatte. Er hielt sich damals mit drei Schiffen in der Nähe der christlichen Flotte auf und
bot bei dem Unternehmen gegen S. Teodoro seine Hülfe an. Seine Mannschaften waren
Abenteurer aller Nationen, militärisch gar nicht geschult, aber kampflustig und verwegen.

Die übrigen drei Kolonnen verbleiben jedoch vor dem Fort in ihren bisherigen Stellungen, um einem etwaigen Rückschlag zuvorzukommen, der sich
häufig einstellt, wenn sich die Soldaten wie gewöhnlich zu früh dem Plündern
hingeben. Ueberhaupt soll Niemand etwas nehmen außer Waffen, von diesen
aber soviel als ihm zum Gewinn von Ehre und Ruhm im Dienste Gottes
nöthig erscheint.
                                          Francesco Morosini.

Diesem Befehl entsprechend wurde die Unternehmung am 3. August bei
Tagesanbruch begonnen, als aber die Sturmkolonnen sich dem Werke näherten,
war es leer. Die schwache Türkische Besatzung, wahrscheinlich durch die
Vorbereitungen zu der Ausschiffung aufmerksam gemacht, hatte es vorgezogen,
in der Nacht den Posten zu räumen und sich nach Canea zu flüchten. Als
Morosini und Rospigliosi darauf das Fort besichtigten, fanden sie es in
besserem Zustande, als man erwartet hatte; jedenfalls war es vertheidigungsfähig. Es wurde trotzdem von den Venezianern geschleift, weil ein dauerndes
Festhalten der Insel wegen der Nähe von Canea nach dem Abzug der christlichen Flotte zu schwierig gewesen wäre.*)

Inzwischen hatten sich auf zwei Venezianischen Galeeren wieder Fälle
von Pest bemerkbar gemacht. Die Schiffe wurden zwar sofort entfernt, die
Todten beerdigt und die Kranken an Land in eine Höhle geschafft, wo ein
Wärter sie pflegte, allein trotz dieser Vorsichtsmaßregeln fürchtete man eine
Weiterverbreitung der schrecklichen Krankheit, da viele der Venezianischen
Seeleute noch heimlich Gegenstände, namentlich Kleidungsstücke, im Besitz
hatten, die von den im März bei Jobella eroberten Türkischen Schiffen, die
sämmtlich verseucht gewesen waren, herstammten. Rospigliosi hielt es daher
für nothwendig, seine eigene Flotte eine Zeit lang von der Venezianischen
zu trennen, und benutzte dazu als Vorwand die Nothwendigkeit, die Schiffe
auszubessern. Zu diesem Zweck beabsichtigte er, sich in die Bucht von Suda
zu begeben und dort zehn Tage zu verweilen. Wenn dann in dieser Zeit
die Pest auf den bei S. Teodoro zurückbleibenden Venezianischen Schiffen
keine Fortschritte gemacht hatte, so wollte er sich ihnen wieder anschließen.
Breitete sich die Seuche aber weiter aus, so war er fest entschlossen, ohne
Weiteres nach Italien zurückzukehren. Indeß konnte er seinen Entschluß zunächst nicht ausführen, weil heftige östliche Winde die Umschiffung des Kaps
Melecha erschwerten. Und als nach acht Tagen sich keine neuen Fälle von
Pest mehr einstellten, wurde von der Trennung der Flotten überhaupt Ab-
stand genommen. Dagegen trat jetzt eine andere Angelegenheit in den Vorder-
grund, die einer gründlichen Erwägung bedurfte.

Es waren nämlich aus Candia Berichte an den Generalkapitän eingetroffen, die den Zustand der Festung als äußerst bedenklich schilderten. Die
Türken hatten ihren bisherigen Angriff auf die Südwestfront eingestellt und

---

*) Vergl. auch die Anmerkung auf Seite 149.

ihn dafür auf die beiden an den entgegengesetzten Enden der Stadt hart am
Meere gelegenen Bastione S. Andrea und Sabionera begonnen.*) Das
kleine Ravelin S. Andrea war schon in ihre Hände gefallen und der Angriff
auf das gleichnamige Bastion mit der Sappe bis hart an den Hauptgraben
herangeführt. Gelang es ihnen, an dieser Stelle einzudringen, so wurde die
ganze Westfront im Rücken gefaßt und der Platz aufs Aeußerste gefährdet.
Vor Allem aber war die Zahl der Vertheidiger bei den täglichen Beschießungen,
Minensprengungen und Ausfällen bereits derartig zusammengeschmolzen, daß
sie kaum noch zur Besetzung der wichtigsten Posten ausreichte. Es trat somit
an Morosini die Nothwendigkeit heran, der Festung auf irgend eine Weise
Verstärkungen an Mannschaft zuzuführen. Auf Nachschub von Hause war in
der nächsten Zeit nicht zu rechnen. Der Generalkapitän faßte daher den
Entschluß, den größten Theil der Venezianischen Schiffe nach Candia zurückzuführen und die Mannschaften bei der Vertheidigung der Festung zu verwenden. Doch war ihm daran gelegen, diesen Plan nicht sogleich dem Päpstlichen Admiral zu enthüllen, weil er fürchtete, bei diesem, der ja den Oberbefehl
über die ganze christliche Flotte führte, auf Widerstand zu stoßen. Er ging
daher diplomatisch zu Werke, indem er zunächst eine andere Unternehmung
vorschlug, zu deren Ausführung die ganze Flotte sich nach Candia begeben
mußte. Einmal dort, hoffte er dann auch seine eigentlichen Absichten durch-
setzen zu können. Es war ihm nämlich gemeldet worden, daß die Türkischen
Batterien vor dem Bastion S. Andrea gegen das Meer hin nicht geschützt
seien, und der Gedanke lag nahe, sie von hier aus mit der Flotte im Rücken
zu fassen und zu zerstören.

Der Generalkapitän versammelte daher am Morgen des 7. August zunächst die Führer seiner eigenen Flotte in einem Kriegsrath, legte ihnen
seine Pläne dar und ließ sie, nachdem er sich ihrer Zustimmung versichert
hatte, ein Protokoll unterzeichnen, worin nur von der Beschießung der Türkischen Batterien nicht aber von der Verwendung der Flottenmannschaft zu
Lande die Rede war. Sodann veranlaßte er den Päpstlichen Admiral auf
seiner „Capitana" einen Kriegsrath zu berufen, an dem jedoch nur die Oberbefehlshaber der drei Flotten und deren Generallieutenants theilnahmen.

Bei den Verhandlungen wollten der Päpstliche und Maltesische Admiral
von der Fahrt nach Candia nichts wissen. Sie erklärten es vielmehr für
dringend nothwendig, die Schiffe auszubessern, bevor man Weiteres unternehmen könne. Auch erwähnte Rospigliosi eines bereits auf der Flotte um-
laufenden Gerüchtes, die Venezianer beabsichtigten die Mannschaften ihrer
Schiffe in der Festung zu verwenden. Hiermit könne er sich aber keinesfalls
einverstanden erklären, denn die Päpstlich-Maltesische Flotte bedürfe im Herbst
bei ihrer Rückkehr des Geleites Venezianischer Schiffe, um nicht von den
Türken angegriffen zu werden. Morosini wußte indeß diese Besorgnisse zu

---

*) Vergl. Seite 122.

3*

zerftreuen, und der Befchluß des Benezianifchen Kriegsrathes wurde an-
genommen.

Am frühen Morgen des 8. Auguft verließen daher fämmtliche Galeeren
und Galeaffen der verbündeten Flotten den Poften von S. Teodoro, während
der Kapitän Molini*) mit den übrigen Fahrzeugen (Hochbordfchiffen,
Galeotten, Brigantinen u. f. w.), dreißig an der Zahl, dort zurückblieb. Am
9. Auguft kam die Ruderflotte vor Candia an. Am Morgen des folgenden
Tages wurden dann Boote vorgefchickt, um die Türkifchen Batterien zu er-
kunden. Hierbei ftellte fich heraus, daß diefe nicht nur nach allen Seiten
gedeckt, fondern auch felbft zum Feuern gegen die See hin eingerichtet waren.
Eine Befchießung hätte alfo keinen Erfolg erzielen, wohl aber der Flotte felbft
fchweren Schaden zufügen können. Es wurde daher von dem ganzen Unternehmen Abftand genommen, und die verbündeten Flotten zogen fich in die
Buchten der Infel Stantia zurück. Darauf begab fich Rofpigliofi in die
Feftung, um fich von deren Zuftande und insbefondere auch von dem des
dort kämpfenden Päpftlichen Bataillons zu überzeugen. Er fand dies in
keiner günftigen Verfaffung, denn von den in vier Kompagnien eingetheilten
Offizieren und Mannfchaften war faft die Hälfte todt oder untauglich geworden.**) Die mitgebrachten Verftärkungen erwiefen fich daher nicht als
ausreichend, und es mußte für weiteren Erfatz geforgt werden. Schon auf
der Herreife hatte Rofpigliofi einen kurzen Aufenthalt feiner Flotte an der
Halbinfel Maina dazu benutzt, um mit dem Oberhaupt der Mainoten,
Jeralari, einen Vertrag zu fchließen, wonach diefer ihm 200 Griechen gegen
einen monatlichen Sold von 4½ Stubi als Rekruten ftellen follte. Es hatte
fich aber kein Einziger dazu bereit gefunden, und fo blieb denn Rofpigliofi
nichts übrig, als auf feiner und der Benezianifchen Flotte nach Freiwilligen
zu fuchen, die zu dem fchweren und gefahrvollen Dienft in der Feftung bereit
waren. Es fanden fich auch 140 Mann und zwar hauptfächlich von den
in der Seefchlacht bei Jodella befreiten Ruderfklaven. Das Bataillon wurde
mit Hülfe diefer Leute unter Ernennung mehrerer Offiziere auf 6 Kompagnien
gebracht, die jedoch nur je 80 Mann ftark waren.

Mittlerweile hatte Morofini fechs feiner Galeeren befarmirt und auch
von den übrigen 600 Seefoldaten entnommen. Mit diefen Verftärkungen begab
er fich am 14. Auguft nach Candia hinein und übernahm dort perfönlich den

---

*) Vergl. die Anmerkung S. 141.
**) Das Bataillon zählte urfprünglich:

1	Major,
3	Hauptleute,
4	Lieutenants (darunter ein Kompagnieführer),
8	Sergeanten,
28	Korporale,
4	Tambours,
432	Soldaten,

alfo in Summe 480 Köpfe.

Oberbefehl, da die schlimme Lage der Festung seine Anwesenheit unbedingt
erheischte. Der Rest der Venezianischen Galeeren lag unterdessen bei Stantia,
wohin sich jetzt auch die bisher bei Canea verbliebenen Fahrzeuge unter
Molini begaben, so daß dieser wichtige Posten zeitweilig unbesetzt war.

Inzwischen lief aber die Nachricht ein, daß die Türkische Flotte unter
Befehl des Kapudan-Pascha die Dardanellen verlassen, zunächst Chios angelaufen und sich dann nach Malvasia (auf der Halbinsel Morea) begeben
habe, um dort 8000 für das Belagerungsheer vor Candia bereit stehende
Türkische Mannschaften, theils Soldaten theils Schanzgräber, in Empfang
zu nehmen. Die Befürchtung lag nun nahe, daß der Kapudan-Pascha die
Abwesenheit der christlichen Flotte von Canea benutzen werde, um diesen
Hafen ungefährdet zu erreichen und seine Leute dort auszuschiffen. Morosini
bat daher den Päpstlichen Admiral, sich mit den beiden Hülfsflotten und sechs
Venezianischen Galeassen unter Befehl des Kapitäns Navagiero*) wiederum
nach S. Teodoro zu begeben und die Sperrung des Hafens von Canea zu
übernehmen. Rospigliosi war auch sofort dazu bereit und traf am 16. August
früh vor S. Teodoro ein.

Kaum hatte sich seine Flotte hier vor Anker gelegt, so erschien vom Kap
Melecha her eine Türkische Galeere, die aber beim Anblick der christlichen
Schiffe Kehrt machte und in nördlicher Richtung verschwand. Zwei Tage
darauf meldete ein Brief des Venezianischen Kommandanten der kleinen
Festung Garabusa, daß am 16. die Türkische Flotte, weit über 50 Segel
stark, von Osten kommend zwischen Garabusa und der Insel Cerigotto durch-
gefahren sei und sich anscheinend an die Südküste der Insel Candia begeben
habe. Man schloß daraus, daß jene Galeere nur zur Erkundung voraus-
geschickt gewesen sei, und daß der Kapudan-Pascha, auf die Nachricht, der
Posten von S. Teodoro sei wieder besetzt, den Versuch zu einer Landung bei
Canea vorläufig aufgegeben habe.**) Infolge dessen machte Accarigi den
Vorschlag, die noch günstige Jahreszeit zu benutzen, um den Rückweg in die
Heimath anzutreten. Rospigliosi aber hatte dem Generalkapitän versprochen,
mindestens bis Anfang September auszuhalten, und ging daher auf den
Wunsch des Maltesischen Admirals nicht ein. Bald darauf ereignete sich
jedoch ein Vorfall, der ihn trotzdem zu einer vorzeitigen Heimkehr bewog.
Wiederum waren es Rang- und Etikettestreitigkeiten, die die Veranlassung
gaben. Der Führer der Venezianischen Galeassen vor Canea, Navagiero,
betrachtete sich nämlich als Stellvertreter des Generalkapitäns und forderte

---

*) Vergl. die Anmerkung S. 141.
**) Spätere Nachrichten bestätigten diese Vermuthung. Die Türkische Flotte hatte
sich nach Giragetra an der Südküste der Insel begeben, um dort die Truppen auszuschiffen,
da aber dieser Hafen nur für kleine Fahrzeuge zugänglich war, so mußten die größeren
Schiffe draußen bleiben. Hier erfaßte sie ein Sturm, zerstörte einen Theil und vertrieb
den anderen bis Rhodus. Erst im September, nachdem sich die christlichen Hülfsflotten
bereits entfernt hatten, gelang es ihr, in Canea zu landen. (Vergl. S. 146.)

als solcher den Vorrang vor dem Maltesischen Admiral. Dieser aber verweigerte die Anerkennung der Ansprüche des Venezianers, weil er der ältere Offizier und nur dem Generalkapitän selbst untergeordnet sei. Diese Zwistigkeiten kamen zum Austrage bei einer Gelegenheit, über die Rospigliosi folgendermaßen an den Papst berichtete:

„Am 24. August kehrte ich mit meinen und den Maltesischen Galeeren von einer Fahrt vom Kap Melecha, wo wir Wasser geholt hatten*) zurück. Als wir dabei vor der Front der Venezianischen Galeassen, die liegen geblieben waren, vorbeifuhren, begrüßten diese meine „Capitana" wie gewöhnlich mit Geschützfeuer, während sie dem Maltesischen Flaggschiff, auf dem sich Accarigi befand, keinen Salut erwiesen. Accarigi berief nach diesem Vorfall seine sämmtlichen Kapitäns und Ordensritter zu einer Berathung, in der einstimmig der Beschluß, von dem man mir eine Abschrift zusandte, gefaßt wurde, augenblicklich abzureisen. Es gelang mir zwar, ihnen den Gedanken an einen Aufbruch auszureden, allein ich konnte nicht verhindern, daß sie sich von der übrigen Flotte trennten, um mit den Venezianern nicht mehr in Berührung zu kommen. Sie weigerten sich auch entschieden, für diese in Zukunft Wasser und Lebensmittel herbeizuschaffen. Weitere Bemühungen meinerseits, eine Verständigung herbeizuführen, mißlangen ebenfalls. Auch Navagiero, der an den Generalkapitän um Verhaltungsmaßregeln geschrieben hatte, wollte sich bis zum Eintreffen einer Antwort überhaupt nicht in Verhandlungen einlassen. Inzwischen erhielt ich Briefe des Nuntius Gallio aus Neapel, aus denen hervorging, daß sich die Spanisch-Neapolitanische Hülfsflotte unter dem Befehl des Herzogs von Ferrandina schon seit einiger Zeit nach Candia in Bewegung gesetzt habe. Ich theilte dies Accarigi mit und forderte ihn auf, seine Abreise wenigstens bis zum Eintreffen dieser Verstärkungen zu verschieben. Allein er ließ mir antworten, er könne sich nur dann zum Bleiben verstehen, wenn ich ihm einen ausdrücklichen schriftlichen Befehl dazu ertheile, mit dem er sich später vor dem Großmeister in Malta rechtfertigen könne. Sonst müsse er es für einen Schaden an der Ehre des Ordens erklären, wenn die Maltesische Flotte noch länger in der Gesellschaft der Venezianer verbleibe. Ich hatte die Vorsicht gebraucht, mir diese Antwort öffentlich in Gegenwart meines ganzen Stabes ertheilen zu lassen, und sandte nun den Kapitän Abelasio mit der Antwort Accarigis zu Navagiero, wobei ich hinzufügte, ich hielte mich nicht für berechtigt, einen solchen Befehl, wie ihn Accarigi verlangte, zu geben, weil ich bezüglich der Rangstreitigkeiten mir keine Entscheidung anmaßen wollte. Accarigi setzte infolgedessen seine Abfahrt für den 28. August fest. Da ich nun allein weder bleiben noch zurückkehren wollte und konnte, so war ich gezwungen, mich der Maltesischen Flotte anzuschließen. Ich ließ daher den Venezianern noch 600 Faß Wasser und zahl-

---

*) Die Quellen auf der Insel S. Teodoro gaben der Dürre wegen nicht genug Wasser für die ganze Flotte.

reiche Lebensmittel zurück und brach mit den beiden Hülfsflotten in der Nacht zum 29. August nach Zante auf."

Infolge des ungünstigen Wetters verzögerte sich die Ankunft in Zante bis zum 6. September. Unterwegs schrieb Rospigliosi Briefe an den Generalkapitän und den Dogen in Venedig, theilte ihnen den Grund seiner Abreise mit und entschuldigte sich wegen des allzu frühen Zeitpunktes. In Zante hieß es, die Neapolitanische Hülfsflotte befinde sich bereits in Corfu. Man beschloß daher, sogleich dorthin weiterzufahren, um sich mit ihr zu vereinigen. Rospigliosi sprach sogar davon, gemeinschaftlich mit dem Spanischen Admiral nach Candia zurückzukehren. Accarigi indessen zeigte sich diesem Plan nicht geneigt, ja er trennte sich sogar — wiederum wegen Etikette-streitigkeiten mit den Behörden in Corfu — von der Päpstlichen Flotte und begab sich mit seinen Schiffen nach dem kleinen Orte Casopolis.

Die Neapolitanische Flotte, fand sich übrigens in Corfu nicht vor, vielmehr traf sie erst am 19. September ein. Eine Berathung Rospigliosis mit dem Herzog von Ferrandina ergab den Entschluß, angesichts der vorgerückten Jahreszeit und der Unwahrscheinlichkeit, daß die Türkische Flotte in der nächsten Zeit etwas Wichtiges unternehmen werde, nicht mehr nach Candia zurückzukehren, sondern die Heimreise anzutreten. Am 24. September brachen daher die Päpstliche und Neapolitanische Flotte von Corfu auf; bei Casopolis schloß sich ihnen die Maltesische an. Alle drei vereinigt fuhren dann bis zum Kap Santa Maria, von wo sich die Neapolitanischen Schiffe nach Taranto begaben, während die anderen ihre Fahrt bis Messina fortsetzten.

Hier blieb auch die Maltesische Flotte zurück. Rospigliosi dagegen fuhr am 7. Oktober weiter nach Neapel,*) lief am 12. Gaëta an und ging von da in einem Zuge bis nach Civitavecchia in die Winterquartiere. Rospigliosi selbst hatte sich bei Terracina an Land setzen lassen und begab sich nach Castelgandolfo im Albanergebirge, dem Sommersitz des Papstes.

Clemens IX. empfing ihn zwar gütig, weil er den guten Willen seines Neffen anerkannte, er verhehlte ihm aber nicht, daß die thatsächlichen Erfolge der Päpstlichen Flotte kaum den gemachten Aufwendungen entsprochen hätten. Rospigliosi erwiderte, daß der verspätete Aufbruch der Flotte die Hauptschuld trage und daß, wenn auch wichtige kriegerische Erfolge nicht erzielt seien, dennoch die Anwesenheit der Päpstlichen und Maltesischen Galeeren in den Gewässern von Candia die Türkische Flotte längere Zeit an einer Landung bei Canea gehindert und hierdurch den Venezianern eine wesentliche Unterstützung geleistet habe.

Es erübrigt noch nachzutragen, welchen Verlauf der Versuch des Paters Ottomano, des angeblichen Sohnes des Sultans Ibrahim, seine Ansprüche

---

*) Es gelang hier dem Päpstlichen Admiral, ein Regiment Deutscher Söldner unter dem Obersten Grafen Starhemberg, deren Dienstzeit in Neapel zu Ende ging, für die Venezianer anzuwerben und zur Einschiffung nach Ravenna in Marsch zu setzen.

auf den Thron des Osmanischen Reiches geltend zu machen, genommen hatte. Nach der Ankunft des jungen Paters bei San Teodoro fand eine Berathung zwischen ihm und Morosini statt, worin man übereinkam, zunächst den Versuch zu machen, den Pascha von Canea und wenn möglich auch den Großvezir im Lager vor Candia für die Pläne des Thronprätendenten zu gewinnen. Dieser schickte daher durch einen Vertrauten Briefe an die beiden Türkischen Großen, in denen er ihnen glänzende Versprechungen machte, wenn sie für ihn Partei ergriffen. Beide ließen sich indeß auf Nichts ein, sondern sandten die Briefe uneröffnet an den Sultan, um diesem ihre Ergebenheit zu beweisen. Morosini erfuhr das Mißlingen dieses Planes zu derselben Zeit, als er den Entschluß faßte, die Stellung der Flotte von San Teodoro nach Candia zu verlegen. Er nahm daher den jungen Pater mit in die Festung hinein und versuchte dessen Anwesenheit zu benutzen, um einen Aufstand im Türkischen Belagerungsheer zu erregen. Er ließ zu diesem Zweck Pfeile mit Proklamationen in das feindliche Lager hinüberschießen, in denen die Türken zur Erhebung gegen den Großvezir und den regierenden Sultan und zum Anschluß an ihren rechtmäßigen Gebieter aufgefordert wurden. Allein auch dieses Mittel hatte keinen Erfolg, vielmehr veranlaßte es den Großvezir, die Belagerung um so nachdrücklicher fortzusetzen. Er ließ sogar dem Generalkapitän sagen: die Anwesenheit des Prätendenten in Candia zwinge ihn, das Aeußerste zu wagen, um die Festung zu Falle zu bringen und sich dessen Person zu bemächtigen. Morosini hielt es daher für gerathen, den Pater schon im November 1668 wieder aus Candia zu entfernen. Er schickte ihn nach Zante, von wo aus er die christlichen Albanesen und die Mainoten gegen die Türken aufwiegeln sollte. Allein dazu gehörte viel Geld, denn diese Leute waren nur gegen reichliche Bezahlung zu einer so gefährlichen Bethätigung ihres Christenthums zu bewegen, und gerade an Geld mangelte es der Republik am meisten. Der Versuch scheiterte daher; der Pater Ottomano kehrte im Frühjahr 1669 krank nach Italien zurück und starb kurze Zeit darauf an der Auszehrung.

---

6. Die Belagerung von Candia im Jahre 1668.

Nach einer Anfang Januar 1668 gemachten Aufstellung bestand die Besatzung der Festung Candia um diese Zeit nur noch aus 4500 Fußsoldaten und etwa 350 Reitern, von denen jedoch nur 60 Pferde besaßen. Es trafen aber bereits in der nächsten Zeit mehrfache Verstärkungen ein. Am 7. Januar landete das bereits früher erwähnte Päpstliche Bataillon,*) geführt von dem Sergente-Generale Muzio Mattei. Bald darauf folgten andere Abtheilungen Venezianischer Söldner, aus Leuten aller Nationen bestehend. Leider war ihr

---

*) Vergl. Seite 148.

Werth nur sehr gering. Geübte und erfahrene Mannschaften ließen sich nach Candia nur für schweres Geld anwerben, denn die Festung stand in dem Rufe, daß man nicht lebendig wieder hinauskomme. Die Venezianischen Werber waren daher genöthigt, mit allerlei Gesindel vorlieb zu nehmen, ja man mußte sogar zu dem Mittel greifen, die Insassen der Gefängnisse, Banditen und Straßenräuber, denen hierfür ihre Strafe erlassen wurde, in die Truppen einzureihen. Militärische Schulung besaßen diese Söldner fast gar nicht. Es fehlte vor Allem die Zeit für ihre Ausbildung, da sie nur für den Krieg geworben, dann wieder entlassen wurden; auch liebten sie nichts weniger als das Drillen: „Und werden die neuangeworbenen Soldaten jetziger Zeit an manchen Orten auf dem Werbplatz und in den Quartieren im Luder, ohne einige Uebung der Waffen, aufgehalten, oder sogleich hinaus ins Feld geschickt für Grabenfüllen und auf der Fleischbank geführt.“*) Diese un= geübten Leute vermochten natürlich auch keine Anstrengungen auszuhalten; sie erlagen auffallend schnell der ungewohnten Arbeit und den Entbehrungen in der belagerten Stadt. Auch J. B. Scheither, der die Belagerung von Candia theilweise selbst mitgemacht hat, spricht sich in seiner „Novissima praxis militaris“ sehr abfällig über die dort verwendeten Truppen aus. Den be= treffenden Abschnitt seiner Schrift giebt Anlage 3.

Anlage 3.

Auch die Türken machten im Frühjahr 1668 große Anstrengungen, das Belagerungsheer zu ergänzen. Wenngleich es ihnen an Menschen hierfür nicht fehlte, stieß doch der Nachschub an Verstärkungen auf manche Schwierigkeiten, weil viele Truppen sich einfach weigerten, den Belage= rungsdienst vor Candia zu übernehmen. J. B. Scheither sagt hierüber: „... die Mannschaft anlangend, so die Türken zum secours anbringen müssen, ist es damit auch nicht so gar leicht abgegangen, denn Candia in ganz Türkei wie ein Fluch ist gewesen, so daß, wenn einer dem Anderen etwas böses hat wünschen oder schwören wollen, ist solches bey Candia ge= schehen, daß er soll sein Haupt vor Candia bringen; deßwegen sowol die Janitscharen als andere Art Türkische Soldaten nicht gern dahin gewolt, die Arbeiter auch aus anderen Königreichen haben mit Gewalt erpresset und gleich= falls die Sklaven mit großen Kosten herbey geschaffet werden müssen ...“

Der Großvezir veranlaßte daher den Sultan, sich persönlich nach Larissa in Thessalien zu begeben und die Einschiffungen der hier bereitgestellten Mannschaften zu betreiben. Auch Egypten, Syrien und die Barbaresken= Staaten Nordafrikas wurden zu Hülfeleistungen herangezogen. Die Türkische Hauptflotte mit Ersatzmannschaften fand, wie wir wissen, im September nach dem Abzug der Päpstlichen und Maltesischen Schiffe Zugang in Canea, außerdem gelang es aber noch mehrfach anderen Transporten geringeren Umfanges, in den kleinen Häfen des östlichen Theiles der Insel zu landen. Auf diese Weise wurden außer einer größeren Zahl von Azags (Schanz= gräbern), 3500 Janitscharen, 1000 Spahis (Reiter), 4000 egyptische und

*) Bombral, Ars belli et pacis. 1643.

ſyriſche Fußſoldaten, ſowie 1000 Mineure (meiſt Armenier, die ſich hierfür als beſonders geſchidt erwieſen), nach Candia geſchafft. Erſt Anfang Juni eröffneten die Türken von Neuem ihre Laufgräben. Wie bereits erwähnt, hatten ſie den Angriff gegen die Baſtione Panegra, Betlem und Martinengo aufgegeben und ſich dafür gegen San Andrea und Sabionera gewendet. Auf beiden Punkten erlangten ſie binnen Kurzem ein entſchiedenes artilleriſtiſches Uebergewicht. Der Großvezir hatte während des Winters in Canea und Neu-Candia Geſchützgießereien errichtet und diejenigen Kanonen, die meiſt in Folge Ausbrennens des Zündloches unbrauchbar geworden waren, umgießen laſſen, und zwar auf die bei den Venezianern üblichen Kaliber, um die 50 000 aus der Feſtung herausgeſchoſſenen Vollkugeln zurückſchießen zu können. Engliſche und Holländiſche Kaufleute hielten es für nicht unter ihrer Würde, den Ungläubigen fortdauernd Geſchützmaterial, Munition und andern Kriegs=bedarf gegen Bezahlung zu liefern, ſo daß dieſe hieran niemals Mangel litten. Auch erwieſen ſich die Türkiſchen Bedienungsmannſchaften als viel geſchidter und zuverläſſiger als die ihrer Gegner. Die Geſchütze ſchoſſen theils Vollkugeln von Stein oder Eiſen, theils Bomben und Granaten bis 400 Pfund, die mit Holzzündern in Röhrenform verſehen waren.

Neben den Geſchützen wurden auch noch vielfach Handbomben und Hand=granaten verwendet. Die Bomben waren 50 bis 70 Pfund ſchwer. Ein Mann nahm die Bombe auf die Schulter, ein zweiter zündete ſie an, und Beide vereint warfen oder rollten ſie dann in die Laufgräben. Die Hand=granaten konnten von einem einzelnen Mann mit der Hand geworfen werden, oft geſchah dies auch vermittelſt einer Schleuder. J. B. Scheither ſpricht ihnen eine große Wirkung im Feſtungskriege zu und behauptet, daß der Fort=gang der Belagerungsarbeiten bei Candia durch ausgiebigere Verwendung dieſes Mittels durch die Vertheidiger bedeutend hätte verzögert werden können: „Denn ſo lang wir täglich 500 und mehr Handgranaten zu verwerffen hatten, ſo konnte der Feind mit ſeiner Arbeit wenig fortkommen, ſo daß er in etlichen Wochen nicht viel Ruthen lang avanciret iſt und wenig erobert hat. Allein hierin war es auch verſehen und Nullus in der Bratpfannen; bey uns ſeynd die Handgranaten auffs letzt ſo rar als Zucker worden, und haben wir keine mehr gehabt, als welche uns vom Feind ſind zugeworffen, aber nicht zerſprungen ... Die Türcken aber haben wol zehen gegen unſerer eine Handgranaten und gantz ſchwartz wiederumb hergegen geworfen und manchem dadurch das Liecht ausgelöſchet ..."

Weit geringere Erfolge als die Türken erzielten die Venezianer mit ihrer Artillerie. Es fehlte zwar nicht an Geſchützen, allein ſie waren zum großen Theil unbrauchbar,*) und da ſämmtliche Einrichtungen für den Neu=guß der Rohre, Anfertigung der Laffeten, Räder, Munition u. ſ. w. ſich in

---

*) Von den im Ganzen vorhandenen 340 Stüd waren im Jahre 1668 nur noch 90 ſchwere Feſtungskanonen und -Mörſer, ſowie 110 kleinere Geſchütze verwendbar.

Venedig befanden, so trat häufig Mangel an gutem Material ein. Auch war die Bedienung der Geschütze sehr ungeschickt und nachlässig, worüber sich Scheither folgendermaßen äußert: „Die Constabels,*) so noch vorhanden, welche meist Italiäner und Griechen, seynd grobe Ochsen und dazu unerfahren gewesen, welche nicht Achtung gegeben, wohin sie geschossen oder getroffen, und bisweilen auff uns, die wir am alleräußersten Ende der Brecha und Attaque gestanden, Feuer geben, uns selbsten beschädigt und gar viel Leut todt geschossen haben, also, daß wir uns mehr vor ihrem, als des Feindes Canon haben zu hüten gehabt. Wann dann solche Gesellen schon ein solch Stücklein verrichtet, haben sie nur dessen dazu gelachet, es ist ihnen auch von ihren Generalen nichts darumb gethan worden; Endlich, wenn sie den Canon haben feuern wollen, so haben sie müssen ein Zeichen mit einem kleinen Fahnen uns geben, daß wir uns vor ihrem schiessen haben vorsehen können . . ."

Große Schwierigkeiten bereitete dem Türkischen Angriff mit der Sappe die Beschaffenheit des Bodens vor den beiden Endbastionen. Bei San Andrea war das Gelände in der Nähe des Flusses Gioffiro sumpfig, weiter nach der Festung zu bestand es dagegen aus nacktem Fels ohne jede Erddecke. Man war daher hier genöthigt, die Laufgräben und Batterien, anstatt sie in den Boden zu vertiefen, theilweise durch Aufschüttungen herzustellen, und dazu mußte die Erde in Körben von weit her geholt werden. Trotz dieser gewaltigen Arbeit brachten es die Türken nicht nur fertig, bereits Anfang August ihre Laufgräben bei San Andrea bis zum Hauptgraben heranzuführen**) und die Eskarpe 90 Schritt breit zu breschiren, sondern sie errichteten auch zum Theil in die See hinein einen gewaltigen Kavalier, der die Werke der Festung überhöhte und eine Batterie von 6 schweren Geschützen trug. Von hier aus vermochten sie die Seefront der Stadt bis zum Bootshafen zu flankiren und diesen selbst zum Theil unter Feuer zu nehmen. Im Ganzen waren vor San Andrea acht Batterien mit 28 Kanonen und 8 Mörsern in Thätigkeit, 9000 Janitscharen hielten die Laufgräben besetzt, während 5000 Schanzgräber Tag und Nacht arbeiteten. Der Minenkrieg wurde jedoch an dieser Stelle nicht mehr in dem Umfang geführt, wie im Jahre 1667 bei Panegra und Betlem, weil die felsige Beschaffenheit des Bodens das Vordringen sehr erschwerte.

Bei Sabionera***) zog sich zwischen diesem Bastion und dem Fort San Demetrio ebenfalls ein Felsriff hin, dagegen bestand der Boden vor der dem Meere zugekehrten Flanke, wie schon früher erwähnt, aus losem Dünensand. Hier setzten daher die Türken ihren Angriff an, indem sie die Laufgräben und Batterien hart am Meere gegen die Flanke richteten. Es gelang ihnen hier schon am 16. August 1668 eine 60 Schritt breite Bresche zu legen, doch war

---

*) Artilleristen.
**) Siehe die anliegende Textskizze des Bastions San Andrea.
***) Siehe die anliegende Textskizze des Bastions Sabionera.

dies insofern von keiner allzugroßen Bedeutung, als die Vertheidiger inzwischen hinter der Bresche einen starken, mit Graben versehenen Abschnitt errichtet hatten, gegen den die bisherigen Breschbatterien wenig auszurichten vermochten. Dagegen gelang es den Türken, von einer Batterie, die vorwärts des auf einem Vorsprung der Küste gelegenen Lazareths errichtet war, die Venezianischen Geschütze in der Batterie hinter dem Arsenal, von der aus die Seeseite des Bastions flankirt wurde, zum Schweigen zu bringen und das Hafenkastell auf der Mole stark zu beschädigen. Ueberhaupt erlangten sie auch auf dieser ganzen Angriffsfront binnen Kurzem die artilleristische Ueberlegenheit, weil ihnen das vor Sabionera ansteigende Gelände bei der Anlage ihrer Batterien den so sehr geschätzten Vortheil der Ueberhöhung gewährte.

Es befanden sich vor Sabionera im Ganzen 26 Kanonen und 8 Mörser in 7 Batterien in Thätigkeit; 8000 Mann standen zur Vertheidigung in den Laufgräben und Verschanzungen, 3000 Azags wurden bei den Erdarbeiten beschäftigt. Um einem Ausfall der Belagerten wirksam begegnen zu können, waren außerdem in den Abhängen der felsigen Anhöhen, die sich östlich der Festung erhoben, eine große Anzahl höhlenartiger Schützenlöcher in mehreren Reihen übereinander eingehauen, von denen aus das Vorgelände fast bis zu den Festungswerken unter Musketenfeuer gehalten werden konnte.

Die Aufstellung der Türkischen Streitkräfte vor Candia war, soweit sie sich aus den sehr mangelhaften Quellen ermitteln läßt, folgende: Auf dem linken Flügel, gegenüber dem Bastion San Andrea, stand der größte Theil der Türkischen Janitscharen-Regimenter unter dem Großvezir selber; in der Mitte, vor den südlichen Bastionen lagerten die weniger zuverlässigen Aegyptischen und Syrischen Truppen unter Achmed Pascha, und auf dem rechten Flügel, vor dem Bastion Sabionera, die Anatolischen Hülfsvölker unter Kara Mustapha sowie einige Regimenter Janitscharen. Man hatte also die besten und tapfersten Truppen vor den beiden Endbastionen aufgestellt.

Die Türken hatten aus dem Umstande, daß sie bei mehreren allgemeinen Stürmen mit schweren Verlusten zurückgeschlagen worden waren, die Lehre gezogen, nur noch zu ganz bestimmten Zwecken mit der blanken Waffe anzugreifen, z. B. zur Wegnahme einer Pallisadirung, einer Batterie 2c., sowie dann, wenn eine glückliche Minensprengung stattgefunden hatte, um deren moralischen Eindruck auszunutzen. Hierbei bewiesen sie, namentlich im Handgemenge, große persönliche Tapferkeit. Ihre Todesverachtung und die Zähigkeit, womit sie mißglückte Versuche immer wieder erneuerten, machten sie überhaupt zu sehr gefährlichen Gegnern. Von einer einmal begonnenen Unternehmung ließen sie selten ab, selbst wenn sie ihnen unverhältnißmäßige Opfer kostete.

Auch die Belagerten hüteten sich vor größeren Ausfällen, bei denen sie stets weit mehr Mannschaften verloren, als der gewöhnlich nur vorübergehende Erfolg rechtfertigte. Denn selbst wenn es ihnen auch zuweilen gelang, sich einzelner Werke des Feindes zu bemächtigen und sie zu zerstören, so kehrten die Türken meist mit verstärkten Kräften zurück, verjagten die Ausgefallenen und stellten das Zerstörte wieder her.*)

Es würde zu weit führen, hier alle die mannigfachen Ereignisse des Jahres 1668, Ausfälle, Angriffe, Minensprengungen rc. einzeln zu beschreiben, vielmehr sollen in dem Folgenden nur die wichtigsten Thatsachen hervorgehoben werden.

Kurze Zeit nach dem Wiederbeginn der Belagerungsarbeiten im Monat Juni wurde der General-Proveditor Nani durch eine Musketenkugel am Kopf verwundet, und obwohl die Verletzung an sich nicht bedeutend war, starb er doch am 22. Juli, weil der Brand hinzutrat. Einen Tag vor seinem Tode trafen der Französische General St. André-Montbrun**) und der Venezianer Catterino Cornaro mit 1500 Italienischen Söldnern, Geld und zahlreichem Kriegsmaterial ein. Cornaro übernahm an Stelle Nanis das Amt des General-Proveditors, während Montbrun den Marchese Villa***) als Kommandeur der Infanterie ablöste. Dem Einfluß und den Berichten dieser beiden Männer, welche die Festung in einem viel trostloseren Zustand fanden, als sie erwartet hatten,†) war es wesentlich zuzuschreiben, daß Morosini im August den Entschluß faßte, die Flotte nach Candia zu überführen und selbst das Kommando in der Stadt zu übernehmen.

Mit dem Eintritt des Generalkapitäns in die Festung kam Leben in die Vertheidigung. Auf der Südwestfront ließ er zunächst die noch vorhandenen Beschädigungen an den Werken Panegra, Betlem und Martinengo ausbessern, errichtete bei San Andrea einen Kavalier, der, mit zwei 50=Pfündern besetzt, den Türkischen Kavalier am Meeresufer flankirte, und sorgte dafür, daß hinter der Bresche des erwähnten Bastions ein starker kasemattirter Abschnitt gebaut wurde, der das weitere Vorbringen der Türken sehr erschwerte. Unglücklich für die Vertheidiger war dagegen der Umstand, daß sich das Terrain bei San Andrea nach dem Innern der Stadt zu etwas senkte, wodurch den Belagerern, als sie sich nachher des Bastions selbst bemächtigten und hier ihre Geschütze aufstellen konnten, wiederum der Vortheil der Ueberhöhung zufiel. Außerdem gelang es den Türken, mit ihren Laufgräben längs des Meeresufers weiter vorzudringen und hinter dem Punkt, wo der Abschnitt an der Seeseite die Stadtmauer berührte, in diese eine 90 Schritt breite Bresche zu

---

*) J. B. Scheither sagt darüber: „Es seynd die Außfälle aber gar schlecht und unfruchtbar vor die Stadt abgelauffen, massen die Außgefallenen mehrentheils mit Verlust und Schaden wiederumb zurückgetrieben worden, weil die Türcken in ihren Approchen so starck und wohl verwahret gewesen, daß nicht wol möglich zu ihnen zu kommen oder sie gar barauß zu schlagen; wurde also, wann Außfälle auff sie aus der Stadt geschehen, ebenso viel verrichtet, als wenn man eine Maur mit dem Kopff wolt umblauffen . . ."

**) Vergl. Seite 127.

***) Vergl. Seite 122.

†) Montbrun gestand, Alles, was er bisher in seinem sechzigjährigen Kriegerleben gesehen habe, sei nur ein Kinderspiel gegen das, was in Candia vorgehe.

legen, so daß der Abschnitt umgangen zu werden drohte. Bei Sabionera dagegen verstand es Morosini, durch Anlage eines (Zane genannten) Kavaliers
hinter dem Bastion die Wirkung der artilleristischen Vertheidigung derartig
zu heben, daß die den Hafen bestreichende feindliche Batterie für längere Zeit
zum Schweigen gebracht wurde. Immerhin war der Feind Mitte September
mit seinen Laufgräben schon bis auf 80 Schritt an den Wall des Bastions
Sabionera vorgedrungen.

Am 24. September ließ Morosini bei San Andrea einen Ausfall machen,
um sich eines 30pfündigen Türkischen Geschützes, das den Belagerten vielen
Schaden that, zu bemächtigen. Es gelang in der That, das Geschütz zu
vernageln, allein zum Mitnehmen war es viel zu schwer. Beim Rückzuge
wurde der Venezianische General Francesco Battaglia, der den Titel eines
Dogen der Insel Candia geführt hatte, erschossen. Zwei Tage darauf machten
die Türken unter persönlicher Führung des Großvezirs einen Sturm auf die
Bresche von San Andrea. Obwohl sie im ersten Anlauf die Krone des
Walles erreichten, wurden sie doch nach zweistündigem harten Kampfe zum
Rückzug gezwungen und verloren dabei, namentlich durch das Flankenfeuer
von dem Bastion Panegra und dem Ravelin San Spirito, fast 2000 Mann.

Anfang November traf bei der Insel Stantia endlich der Herzog von
Feuillade mit seinen 600 Französischen Edelleuten und Offizieren ein.*)
Diese kriegslustige Schaar hatte sich am 20. September in Toulon eingeschifft,
unterwegs Sardinien und Malta angelaufen und betrat am 3. November die
belagerte Festung. Am 6. hielt Morosini eine Parade über die Kavaliere ab, die
in ihrer prächtigen Kleidung und stolzen Haltung einen glänzenden Eindruck
machten. Sie waren in vier Brigaden eingetheilt, die von dem Grafen
v. St. Paul, dem Herzog v. Caderousse, dem Grafen v. Villemaur und dem
Herzog v. Château-Thierry befehligt wurden. Jeder Brigadechef hatte
mehrere Sousbrigadiers, je nach der Stärke der Brigade, unter sich, außerdem zwei Adjutanten und einen Fähnrich.**)

Feuillade beanspruchte, daß man seiner Truppe den ehrenvollsten weil
gefährlichsten Posten von San Andrea zur Bewachung übertrage, allein dagegen erhoben dessen bisherige Vertheidiger, das Maltesische Bataillon und
die Deutschen Söldner, Widerspruch. Um Beider Wünsche gerecht zu werden,
bestimmte Morosini, daß die Französischen Kavaliere als Reserve für das
Bastion eine Stellung in der Nähe der Bresche einnehmen sollten, während
diese selbst von ihren bisherigen Vertheidigern besetzt blieb. Am 8. November
bezog die 1. Brigade (St. Paul) den bezeichneten Posten und wurde nach
24 Stunden von der 2. Brigade abgelöst. Dieser folgte wiederum am 10. November
die 3. und so fort abwechselnd jeden Tag eine andere Brigade. Am 26. November traf eine Verstärkung von mehreren hundert Mann für das Maltesische

---

*) Vergl. Seite 127 u. ff.
**) Genauere Ordre de Bataille siehe Anlage 4.

 Anlage 4.

Bataillon ein, darunter 63 Ordensritter.*) Anfang Dezember brachte Tabbeo Morosini wiederum 1600 Venezianische Söldner, und bald darauf landeten 400 Mann, die der Herzog von Lothringen unter dem Grafen d'Harcourt der Republik zu Hülfe sandte.

Schon gegen Ende November begannen die alljährlichen Winterregen und zwar in so großer Menge, daß der Fortgang der Arbeiten auf beiden Seiten sehr darunter litt. Namentlich hatten die Türken viel von der Nässe auszustehen; ihre Laufgräben wurden überschwemmt und die Minengänge unter Wasser gesetzt. Trotzdem gestattete der Großvezir in diesem Jahre nicht, daß in der Belagerung eine Pause eintrat, er suchte vielmehr die Anstrengungen noch zu erhöhen und namentlich die Wirkung seiner Artillerie zu steigern. Auch der Sultan ließ dem Heere sagen, nicht eher würde ihm Ruhe werden, als bis es Candia genommen habe. So waren denn auch die Vertheidiger gezwungen, während des ganzen Winters auf den Wällen auszuharren und täglich an der Ausbesserung der von den Türkischen Batterien und Minen zerstörten Werke zu arbeiten.

War im Sommer die große Hitze die Ursache vieler Krankheiten und Leiden in der Festung gewesen, so erzeugten nunmehr Feuchtigkeit und Kälte neue Uebel. Die Truppen, die zumeist im Freien lagern mußten und gegen die Unbilden der Witterung nicht hinreichenden Schutz besaßen, hatten starken Abgang durch Krankheiten. Namentlich litten die Französischen Kavaliere Feuillades, die an solche Anstrengungen wenig gewohnt waren. Viele von ihnen erkrankten und starben, andere fielen den bis in die Reservestellung reichenden Türkischen Geschossen zum Opfer. Dieser Zustand war aber durchaus nicht nach dem Sinne der ehrgeizigen jungen Abenteurer. Gefahren scheuten sie nicht, allein sich nach und nach von einem unsichtbaren Feinde tödten zu lassen und dabei ruhig auszuharren, ohne eine glänzende Probe ihrer Tapferkeit geben zu können, behagte ihnen wenig. Sie waren nach Candia gekommen, um von sich reden zu machen, sie hatten geglaubt, daß bei ihrer Ankunft die Dinge in der Festung sofort ein anderes Aussehen gewinnen würden, — und nun blieb Alles beim Alten. Niemand kümmerte sich um sie mehr als um die anderen Truppen, ja man verwendete sie sogar in der Reserve, während gewöhnliche Söldner die Bresche besetzt hielten.

Dies verletzte ihren Stolz und ihre Eitelkeit auf das Empfindlichste. Die Mißstimmung unter ihnen nahm täglich zu, und sie verlangten endlich dringend, daß man ihnen Gelegenheit gäbe, etwas ihres Namens und Standes Würdiges zu thun. Der Herzog von Feuillade begab sich daher zu dem Generalkapitän und beantragte einen allgemeinen Ausfall, bei dem er mit seinen Truppen die Vorhut übernehmen wollte. Morosini aber hatte schon längst alle Lust zu Ausfällen verloren. Namentlich dachte er nicht daran, sich mit der ganzen Garnison an einem solchen Unternehmen zu betheiligen, bei

---

*) Vergl. Seite 128.

dem er im Falle eines Mißlingens Gefahr lief, die Festung mit einem Schlage zu verlieren. Er weigerte sich daher entschieden, den Wunsch der Franzosen zu erfüllen. Feuillade erklärte darauf, dann werde er mit seinen Kavalieren allein den Ausfall unternehmen, um den Benezianern zu beweisen, daß nur Muth und Entschlossenheit dazu gehöre, die Türken aus ihren Berschanzungen zu verjagen. Morosini ließ sich indeß durch die Prahlereien des Herzogs in seinem Entschluß nicht irre machen, ja, als die Franzosen auch die Malteserritter zur Theilnahme an dem Ausfall zu überreden suchten, verbot er diesen entschieden, die aussichtslose Unternehmung mitzumachen. Den Franzosen freilich, die nunmehr einen Ehrenpunkt darin erblickten, ihren Willen durchzusetzen, vermochte er ihr thörichtes Beginnen nicht auszureden.*)

Der Ausfall wurde daher in der That auf den 16. Dezember festgesetzt, und zwar sollte er gegen die Türkischen Berschanzungen bei Sabionera stattfinden, weil bei S. Andrea die Stärke der feindlichen Stellungen noch weniger Aussicht auf Erfolg bot. Um seinen guten Willen zu beweisen, gab Morosini hundert Grenadiere her, die auf den Flügeln der Französischen Kolonnen vorgehen und diese gegen Umfassung schützen sollten. Auch ließ er schon am Tage vorher die Werke der Ostfront der Festung mit zahlreichen schweren Geschützen armiren, die den Ausfall durch ihr Feuer vorbereiten und unterstützen sollten.

In der Nacht vom 15. zum 16. Dezember versammelten sich die 450 noch kampffähigen Kavaliere auf dem Marktplatz, um die Befehle entgegenzunehmen. Es wurden drei Kolonnen gebildet: Die erste bestand aus je 35 Mann jeder Brigade (also zusammen 140) und wurde von dem Marquis de Chamilly, Sousbrigadier der 1. Brigade, kommandirt. Morosini hatte ihm einen seiner eigenen Adjutanten, der mit der Oertlichkeit besonders der Lage der feindlichen Berschanzungen vertraut war, als Führer beigegeben. Die zweite Kolonne bestand aus je 15 Mann jeder Brigade (also zusammen 60), unter dem Befehl des Sousbrigadiers der 1. Brigade de Beau-Chevilliers. Die dritte Kolonne zählte im Ganzen nur 40 Mann (nämlich 10 von jeder Brigade) und wurde von dem Sousbrigadier der 4. Brigade, de St. Marcel, befehligt. Die Reserve setzte sich aus dem Rest sämmtlicher Brigaden in der Stärke von etwa 200 Kavalieren zusammen unter dem Befehl des Chefs der 1. Brigade, Grafen von St. Paul.

---

*) Einige Schriftsteller behaupten übrigens, daß auch noch ein anderer Grund als bloße Ruhmsucht den Herzog von Feuillade bestimmt habe, auf dem Ausfall zu bestehen. Er hatte sich nämlich verpflichtet, die Hälfte des Soldes seiner Truppe aus eigener Tasche zu bezahlen, also täglich etwa 300 Livres. Es scheint nun, daß ihm das Geld etwas knapp wurde, denn er versuchte an verschiedenen Stellen in Candia größere Summen zu borgen. Er sah wohl ein, daß er sein ganzes Vermögen werde opfern müssen, wenn die Anwesenheit der Kavaliere in Candia, die er nur auf kurze Zeit für nothwendig erachtet hatte, sich noch weiter in die Länge zöge. Soviel war ihm aber die Ehre in Candia zu fechten nicht werth, und er suchte daher auf irgend eine Weise zu einem Ende zu kommen.

Die Bewaffnung der Kavaliere bestand nur in einem Paar Pistolen und dem schmalen Französischen Degen. Alle Schutzwaffen, sogar die Helme, hatten sie zu Hause gelassen, um bei dem Ueberklettern der Verschanzungen nicht behindert zu sein. Dagegen führte jeder noch einen Diener mit sich, der ebenfalls zwei Pistolen und eine kurze Pike trug und seinem Herrn den Rücken zu decken hatte. Die Zahl der Theilnehmer an dem Ausfall stieg dadurch einschließlich der 100 Venezianischen Grenadiere auf rund 1000 Mann.

Noch vor Tagesanbruch am 16. Dezember nahmen die drei Sturm- kolonnen Aufstellung im Graben des Bastions Sabionera, eine jede ungefähr demjenigen Türkischen Werke gegenüber, das sie angreifen sollte. Die erste Kolonne (Chamilly) stand am weitesten rechts, die zweite (Beau-Chevilliers) ganz in der Nähe des Meeres und die dritte (St. Marcel) zwischen den beiden erstgenannten. Die Reserve hielt sich ebenfalls in der Nähe bereit. Eine gegen den Feind geschleuderte Granate sollte das Zeichen zum Angriff sein, für den man bis zum Hellwerden warten wollte. Allein den Türken war die Absicht des Ausfalles, von dem die Franzosen in der Stadt viel Wesens gemacht hatten, verrathen worden, und kaum fing es an zu dämmern, so wurden die Sturmkolonnen im Graben von einem überaus heftigen Ge- schütz- und Handgranatenfeuer der Türken überrascht und erlitten schnell nicht unbeträchtliche Verluste. Der Herzog von Feuillade sah sich daher genöthigt, das Zeichen zum Angriff frühzeitiger zu geben, als er beabsichtigt hatte. Kaum war dies aber geschehen, so brachen die Französischen Kavaliere mit einer Todesverachtung und ungestümen Tapferkeit hervor, die zur größten Bewunderung hinreißen müßten, wenn sie nicht für einen so aussichtslosen Zweck verschwendet worden wären. An der Spitze der Hauptkolonne schritt ein Kapuzinermönch, ein Kruzifix in der erhobenen Rechten tragend, und feuerte die Stürmenden mit begeisterten Worten zum Kampf gegen die Un- gläubigen an. Obschon die Türken den Angriff in ihren Laufgräben erwarteten und die Sturmkolonnen mit einem Hagel von Geschossen aller Art empfingen, gelang es den Franzosen doch, sich gleich im ersten Anlauf der vordersten Verschanzungen zu bemächtigen und deren Besatzung niederzumachen. Der Herzog von Feuillade, der selbst nicht einmal den Degen entblößt hatte sondern den Angriff mit der Reitpeitsche in der Hand kommandirte, zog nun einen Theil der Reserven nach und vertheilte ihn auf die beiden Kolonnen der Mitte und des rechten Flügels. Mit Hülfe dieser Verstärkungen wurde nunmehr der Angriff fortgesetzt, und es gelang in der That der glänzenden Tapferkeit der Französischen Kavaliere, auch noch die zweite Linie der Verschanzungen zu nehmen und bis an die dritte vorzudringen. Hier aber brach sich ihr Un- gestüm an dem kräftigen Widerstand der Türken. Wie vorauszusehen war, vermochten sie der großen Uebermacht nicht Herr zu werden. Zwar hielten sie noch eine volle Stunde lang in den genommenen Stellungen unter dem heftigsten Feuer aus, dann aber, als die Türken sich wieder gesammelt hatten und ihrerseits mit einem Angriff drohten, mußte der Herzog von Feuillade den Befehl zum Rückzuge geben. Dieser erfolgte unter den größten Verlusten und dem beständigen Nachdrängen der Türken, übrigens in guter Ordnung. Ein Vorstoß des im Graben verbliebenen Restes der Reservekolonnen und das kräftige Eingreifen der Venezianischen Geschütze von den Wällen verhinderte, daß der Feind gleichzeitig mit den Zurückgehenden in den Graben eindrang.

Von den 450 Kavalieren, die den Ausfall unternommen, kehrten nur 230 zurück, und auch von diesen starben später noch 50 an ihren Wunden, so daß der Ausfall im Ganzen 270 das Leben kostete. Die Zahl der getödteten und verwundeten Diener und Grenadiere ist nicht bekannt. Die Türken sollen 1200 Mann verloren haben; doch beruht diese hohe Angabe auf der Aussage eines Türkischen Ueberläufers, dessen Wahrheitsliebe nicht außer allem Zweifel ist. Der Großvezir ließ die abgeschlagenen Köpfe der Franzosen auf Piken gesteckt vor den Wällen der Festung aufpflanzen zum Hohn für die Belagerten, denen freilich der Ausfall keinerlei Vortheile gebracht hatte, während die Türken daraus nur eine neue Bestätigung ihrer Unüberwindlichkeit entnahmen. Die Enttäuschung der überlebenden Kavaliere über den Mißerfolg ihres mit so viel Hoffnung und Selbstbewußtsein unternommenen Ausfalles war so groß, daß sie allen Muth verloren und verlangten, sofort nach Hause geführt zu werden. Sie bezogen auch nicht mehr ihren früheren Posten bei S. Andrea, sondern hielten sich thatenlos in der Stadt auf. Erst am 24. Januar 1669 konnte ihre durch heftige und widrige Winde verzögerte Abreise nach Frankreich erfolgen. Unterwegs brach auf den Schiffen die Pest aus, an der noch sehr viele zu Grunde gingen, so daß schließlich nur ein trauriger Ueberrest der mit so hochfliegenden Plänen ausgezogenen Schaar in Toulon landete.

Bis zum Schlusse des Jahres 1668 fand bei Candia kein nennenswerthes Ereigniß mehr statt. Die Zahl der Vertheidiger schmolz von Tag zu Tag mehr und mehr zusammen. Es fehlte zwar nicht an Bataillonen und Kompagnien, allein die Zahl der Soldaten, aus denen sie bestanden, war überaus gering. Die stärksten Kompagnien hatten kaum noch 30 bis 40 Mann, andere aber zählten nicht mehr Soldaten als Offiziere. Das ehemals 6000 Mann starke Savoyische Regiment z. B.*) war auf 1500 zusammengeschmolzen. Die Deutschen, Savoyarden, Malteser und Schweizer (diese jedoch in geringer Zahl, weil sie sehr kostspielig waren), hielten die Außenwerke und die angegriffenen Bastione besetzt, Italiener, Griechen und Slavonier standen in Reserve und thaten den Dienst in der Garnison; Französische Söldner gab es nur wenige. Auch sämmtliche männlichen Einwohner der Stadt waren bewaffnet worden und besetzten bei einem Alarm gewisse meist im Innern der Stadt und am Hafen gelegene Posten. Ja sogar die Frauen und Kinder wurden bei der Vertheidigung herangezogen,

---

*) Vergl. die zweite Anmerkung auf S. 127.

und mußten den Truppen auf den Wällen Lebensmittel, Waffer und Munition herantragen.

Im Laufe des Jahres 1668 hatten im Ganzen 47 Ausfälle der Vertheidiger stattgefunden und die Türken 18 mal zu stürmen versucht. Die Benezianer hatten 292, ihre Gegner 69 Minensprengungen ausgeführt. Die Verluste der Vertheidiger in dieser Zeit betrugen:

an Todten:

12 Generale,
13 Oberften,
8 Oberftlieutenants,
7 andere Stabsoffiziere,
875 Hauptleute und niedere Offiziere,
5340 Mann Infanterie,
716 Artilleriften,

6971 Mann.

An Verwundeten:
im Ganzen 618 Offiziere und Mannschaften.*)

Dazu kommen noch an sonftigen Verluften:

2400 Ruderer und Schanzgräber,
95 männliche Einwohner der Stadt,
287 (!) Frauen und Kinder.

Die Verlufte der Türken sollen nach Benezianischen Angaben im Jahre 1668 betragen haben:

an Todten:

12 Generale,
3712 andere Offiziere,
26305 Mann fechtende Truppen,
6810 Schanzgräber.

36839 Mann.

An Verwundeten:
6667 Offiziere und Mannschaften.

---

*) Das auffallende Mißverhältniß der Verwundeten zu den Todten (1 : 11,3) erklärt sich aus dem Umftande, daß faft jede Verletzung den Tod herbeiführte, weil die Luft in Candia infolge der vielen schlecht beerdigten Leichen von schädlichen Miasmen erfüllt war. „Die Lufft war so hitzig und so ftarck, daß, welcher nur ein wenig an seinem Leib oder Finger beschädigt worden, er an solcher liederlichen Wunden sein Leben verlieren und aufgeben müssen und die wenigsten es überwunden haben." (J. B. Scheither.)

4*

7. Kriegsvorbereitungen für das Jahr 1669. König Ludwig XIV. von Frankreich sendet Truppen und eine Flotte zu Hülfe.

Die großen Verluste an Mannschaft im Jahre 1668 und die sonstigen bedeutenden Opfer, die der Krieg um Candia der Republik auferlegt hatte, erweckten in Venedig lebhafte Besorgnisse für das kommende Jahr. Vor Allem begann das Geld knapp zu werden; ohne viel Geld konnte Venedig aber nicht Krieg führen, denn es bedurfte dazu der Söldner, und diese waren sehr kostspielig. In dem einen Jahre 1668 hatte man fast fünf Millionen Skudi an Sold ausgegeben und etwa dreimal soviel für Lebensmittel, Munition und sonstiges Kriegsgeräth. Mußten doch alle selbst die kleinsten Bedürfnisse nach Candia hingeschafft und auch die Einwohner auf Kosten der Republik ernährt werden. Nun stand allerdings in der nächsten Zeit einige Unterstützung in Aussicht. Die Braunschweigisch-Lüneburgischen Truppen*) hatten sich in Bewegung gesetzt und langten unter Befehl des Grafen Josias von Walbeck in der Stärke von 2400 Mann Mitte Februar 1669 in Venedig an, wo sie wegen ihrer vorzüglichen Haltung allgemeine Bewunderung erregten.**) Ihr Eintreffen in Candia erfolgte am 13. Mai. Der Kurfürst von Bayern hatte sich entschlossen, ein Regiment zu Fuß unter dem Obersten Leopold Adrian v. Bürchen, 1600 Mann in 10 Kompagnien, in Venezianische Dienste treten zu lassen. Das Regiment traf am 3. Mai in Venedig und am 29. Juni in Candia ein, wo es dem Grafen von Walbeck unterstellt wurde. Auch der Deutsche Kaiser und einzelne Italienische Fürsten, z. B. die Herzöge von Parma, Mantua und Modena, stellten Unterstützungen in Aussicht. Der Malteser-Orden schickte Ersatzmannschaft für sein Bataillon in Candia und beschloß, auch dieses Jahr eine Hülfsflotte zu senden. Aber alle diese kleinen Verstärkungen reichten bei Weitem nicht hin, um dem großen Bedürfniß nach neuer Mannschaft gerecht zu werden.

Da war es denn wiederum Papst Clemens IX., der seine ganze Kraft einsetzte, um der bedrängten Republik zu Hülfe zu kommen. Zunächst sandte er selbst neue Mannschaft für das Päpstliche Bataillon in Candia, schaffte durch den Verkauf säkularisirter Klöster Geldmittel herbei und beschloß,

---

*) Vergl. Seite 126.
**) „La gente di Brunsvich era universalmente bella . . ." (Brusoni, Storia d'Italia). — Es waren unterwegs nur zwei Mann desertirt, eine für die damalige Zeit unerhört geringe Zahl.

auch in diesem Jahre wieder eine möglichst starke Hülfsflotte unter seinem Neffen Rospigliosi in die Gewässer von Candia zu entsenden. Außerdem wandte er sich in eigenhändigen Briefen an fast sämmtliche christliche Herrscher Europas und suchte sie zu einem kräftigen Eintreten zu Gunsten Venedigs zu bestimmen. Seine größte Hoffnung setzte er dabei auf Spanien und Frankreich. Diese beiden Staaten waren ihm zum Dank verpflichtet, weil durch seine Bemühungen zwischen ihnen im Jahre 1668 der Frieden von Aachen, der den sogenannten Devolutionskrieg beendete, zu Stande gekommen war. Diesen Umstand benutzte Clemens IX., um dringende Mahnungen nach Paris und Madrid zu richten, man solle nicht zugeben, daß die Ungläubigen über Candia, das letzte Bollwerk der Christenheit im Osten, triumphirten.

Spanien erklärte sich auch bereit, eine Hülfsflotte von 20 Schiffen zu senden, machte jedoch die Ausführung dieses Beschlusses von allerlei Vorbehalten abhängig, die ihren Hauptgrund in der Befürchtung hatten, Frankreich werde die Abwesenheit der Spanischen Flotte benutzen, um das Land von Neuem mit Krieg zu überziehen. Clemens IX. wandte sich daher nochmals in einem persönlichen Schreiben an den König von Frankreich, trug diesem die Befürchtungen Spaniens vor und forderte ihn auf, seine oft versicherte Dankbarkeit dadurch zu beweisen, daß er eine für Spanien beruhigende Erklärung abgebe und so rasch wie möglich der bedrängten Republik in Candia zu Hülfe komme.

Ludwig XIV. konnte sich dieser Aufforderung um so weniger entziehen, als der Vorwand des Krieges mit Spanien, mit dem er bisher seine Politik der Enthaltung gegenüber Candia begründet hatte, ihm ja jetzt genommen war.*) Trotzdem schien es dem Könige auch jetzt noch unvortheilhaft, sich offen auf die Seite der Gegner der Türkei zu stellen, weil er dadurch eine Schädigung des Französischen Handels in der Levante befürchtete. Er kam daher auf den Gedanken, die Unterstützungen nicht in seinem eigenen Namen und unter der Flagge Frankreichs zu senden, sondern sie gewissermaßen dem Papste leihweise zu überlassen, so daß sie dessen Feldzeichen führen sollten. Ueber diese Absichten sprach sich der Französische Minister des Auswärtigen,

---

*) Es traten übrigens auch noch zwei andere, mehr im Geheimen wirkende Umstände hinzu, die den König günstig für das Unternehmen stimmten. Einmal nämlich wünschte er lebhaft, daß der Papst dem Herzog d'Albret, einem Verwandten seines Hauses, den Kardinalshut verleihe, wogegen sich Clemens IX. bisher immer gesträubt hatte, weil der Herzog für einen argen Wüstling galt („un prélat perdu de dettes et de débauches"). Der Römische Hof wußte nun den Verhandlungen über diese Angelegenheit sehr geschickt eine solche Wendung zu geben, daß die Gewährung des Königlichen Wunsches von der Unterstützung Venedigs abhängig gemacht wurde. Ferner begünstigte Madame de Montespan, die einflußreiche Geliebte des Königs, das Unternehmen nach Candia, weil sie ihren Bruder, den Grafen von Vivonne, zum Führer der dazu bestimmten Galeerenflotte ernannt sehen wollte.

Herzog von Lionne in einem Briefe an den Kardinal-Staatssekretär Rospigliosi *) vom 11. Januar 1669 folgendermaßen aus:

„...Der König hat sich entschlossen, eine Flotte von 14 Hochbordschiffen und 15 Galeeren zu bilden, sie während des nächsten Feldzuges auf
seine Kosten zu unterhalten und zum Hin= und Rücktransport von Truppen
nach Candia sowie zum Kampf auf dem Meere zu verwenden. Außer allen
Kriegsbedürfnissen, Lebensmitteln, Munition und Sold für die Bemannung
der Schiffe will der König auch noch 4000 Mann Infanterie nach Candia
schaffen lassen, die dort sechs volle Monate dienen sollen, falls es nöthig ist,
daß sie so lange bleiben (...qui y serviront six mois entiers, s'il est
nécessaire, qu'ils demeurent tout ce temps là).**) Er will auch diese
Mannschaften besolden und unterhalten, so daß der Republik keinerlei Kosten
erwachsen, nur soll sie den Französischen Truppen die Lebensmittel gegen an-
gemessene Bezahlung liefern. Der Transport wird aus Toulon am 1. April
abgehen, und außerdem sollen mitgenommen werden: 100 000 Pfund Pulver,
20 000 Kugeln, 30 000 Lunten, 10 000 Sandsäcke, 6000 Stück Schanzzeug,
20 000 Granaten, 500 Musketen, 300 Partisanen und 50 gegen Pistolen-
schuß erprobte Küraße.

Der König hat den lebhaften Wunsch, daß nicht nur seine eigenen,
sondern überhaupt alle christlichen Hülfskräfte für Candia dieses Jahr unter
Päpstlicher Fahne kämpfen, und zwar bestimmen ihn dazu drei Gründe:
1. der größere Ruhm des Papstes; 2. der Schaden, den der Französische
Handel in der Levante erleiden könnte; 3. der Umstand, daß sich sonst bei
einem gemeinsamen Operiren der Französischen und Spanischen Flotte sicherlich
zwischen diesen beiden ein Streit über den Vorrang erheben würde. Dies
ist aber ausgeschlossen, wenn Spanier und Franzosen zusammen unter Päpstlicher Fahne kämpfen, deren Vertreter dann von selbst der Oberbefehl
gebührt....“

Es trat also hier, nachdem sich Ludwig XIV. grundsätzlich zu einem
thatkräftigen Eingreifen zu Gunsten der Vertheidigung von Candia entschlossen
hatte, als neues Moment die Frage des Oberbefehls über die christlichen
Hülfstruppen in den Vordergrund. Obwohl der Vorschlag, die Französischen
Streitkräfte unter Päpstlicher Flagge gehen zu lassen, von ihm selbst ausging,
wünschte der König doch, seine Flotte und seine Truppen keinem fremden
Befehl unterzuordnen, sondern ihnen volle Selbständigkeit zu belassen. Noch
bevor auf den Brief vom 11. Januar Antwort aus Rom eingetroffen sein
konnte, richtete daher der Minister Lionne von Neuem an den Kardinal-

---

*) Dieser war gleichfalls ein Neffe des Papstes und Bruder des Admirals gleichen
Namens.

**) Der in der Schlußwendung dieses Satzes liegende Vorbehalt ist darum beach-
tenswerth, weil er später dem Führer der Französischen Truppen, Herzog von Noailles,
den Vorwand bot, Candia noch vor Ablauf der sechs Monate zu verlassen.

Staatssekretär in Rom am 18. Januar 1669 ein Schreiben, worin er bezüglich des Oberbefehls Folgendes in Anregung brachte:

Der König habe zur Führung der für Candia bestimmten Flotte den Admiral von Frankreich, Herzog von Beaufort, einen nahen Verwandten des Königlichen Hauses,*) in Aussicht genommen. Da nun nach dem Wunsche des Königs alle christlichen Hülfskräfte unter Päpstlicher Fahne fechten sollten, so würde der Herzog von Beaufort, falls einem Anderen der Oberbefehl darüber anvertraut werde, sich mit Rücksicht auf seine hohe Stellung vielleicht nicht unterordnen können. Andererseits sei zu befürchten, wenn der Herzog selbst den Oberbefehl erhielte, daß dann die Spanier Schwierigkeiten machten. Seine Majestät schlüge daher vor, den Französischen Kardinal, Herzog von Vendôme, mit der Führung der gesammten christlichen Streitkräfte zu betrauen, dem man vielleicht für diesen besonderen Zweck den Titel eines Päpstlichen Legaten verleihen könne.

Dieser etwas sonderbare Vorschlag, einen Geistlichen zum Führer von Heer und Flotte zu machen, fand in Rom um so weniger günstige Auf- nahme, als Clemens IX. den Posten des Oberbefehlshabers wieder seinem eigenen Neffen, dem Admiral Rospigliosi, zugedacht hatte. Der Kardinal- Staatssekretär ließ daher dem Herzog von Lionne Folgendes sagen: „Der Papst habe sich zwar damit einverstanden erklärt, daß sämmtliche christlichen Streitkräfte dieses Jahr unter dem Banner der Kirche kämpften, er halte es aber nicht für vortheilhaft, sie von einem Franzosen befehligen zu lassen, gleichviel, ob Militär oder Kardinal, um Zwistigkeiten mit den Spaniern zu vermeiden. Er lasse aber dem Könige den Vorschlag machen, dem Päpstlichen Admiral den Oberbefehl zu übertragen, zu welchem Zweck diesem der Papst den Titel eines „Generalissimus der heiligen Kirche" verleihen wolle. Nach einigem Zögern ging Ludwig XIV. hierauf ein, aber unter der Bedingung, daß auch die Venetianischen Streitkräfte zu Wasser und zu Lande dem neuen Generalissimus unterstellt und der Herzog von Beaufort im Falle einer Be- hinderung Rospigliosis mit dessen Vertretung betraut würde."

Da man sich sowohl in Venedig wie in Rom hiermit einverstanden er- klärte, so war die Frage bezüglich des Oberbefehls endlich erledigt, und Vincenzo Rospigliosi, der noch vor Kurzem ein einfacher Ordensritter gewesen war, erhielt das Kommando über die Streitkräfte der ganzen Christenheit in und bei Candia. Uebrigens erwiesen sich alle Befürchtungen wegen der Widersetzlichkeiten der Spanier später als gegenstandslos, weil diese überhaupt gar nicht an dem Kriege theilnahmen.

---

*) Der Herzog von Beaufort, aus dem Hause Vendôme, geboren 1616, war mütterlicherseits ein Enkel Heinrichs IV. Er hatte eine sehr mangelhafte Erziehung genossen und galt für unwissend, leidenschaftlich und roh. Dagegen war er Seemann mit Leib und Seele, hatte mehrfach Proben großer persönlicher Tapferkeit gegeben und besaß infolgedessen allgemeine Beliebtheit bei seinen Untergebenen.

Die für Candia bestimmte Französische Flotte zerfiel in zwei Abtheilungen unter dem gemeinsamen Oberbefehl des Herzogs von Beaufort. Die erste, nur aus Segelschiffen bestehend, zählte 15 große Kriegsschiffe, 3 Briggs, 7 kleine Kriegsfahrzeuge und 17 gemiethete Handelsschiffe, die hauptsächlich zum Transport der Landtruppen bestimmt waren.*) Das Kommando über diese Flottenabtheilung führte der Herzog von Beaufort selbst.**) Sein Vizeadmiral und Stellvertreter war der Marquis de Martel, der Kontreadmiral hieß de Gabaret.

Die zweite Flottenabtheilung***) bestand aus 13 Galeeren und 3 Galeotten unter dem Befehl des Grafen von Vivonne.†) Beide Flottenabtheilungen sollten bis Ende April in Toulon zur Abfahrt bereit stehen. Die Indienststellung verzögerte sich indeß ein wenig, weil ein Theil der Schiffe erst Mitte April von einer Fahrt nach Algier zurückkehrte. Die Abtheilung der Galeeren konnte sich daher nicht vor dem 18. Mai in Bewegung setzen, die Segelflotte sogar erst am 5. Juni. Dem Generalkommissar des Königs, der vor der Abfahrt eine gründliche Besichtigung jedes einzelnen Schiffes vorzunehmen hatte, war aufgetragen worden, darauf zu achten, daß sich hierbei die Kapitäns nicht gegenseitig Mannschaften zur Aushülfe liehen. Dieser Betrug, der seinen Grund darin hatte, daß die Kapitäns die Bemannung für ihre Schiffe selbst anwerben mußten, scheint also nicht selten gewesen zu sein.

Auf den Galeeren wurden von der mitzunehmenden Infanterie vier Regimenter (Espagny, La Fère, Château-Thierry und Rovergue) eingeschifft, der Rest der Infanterie und die ganze Kavallerie auf den Segelschiffen. Die gesammten Landungstruppen††) standen unter dem Befehl des Generallieutenants Herzogs von Noailles†††) und setzten sich zusammen aus:

Anlage 5.   *) Genaue Angaben siehe Anlage 5.

Anlage 6.   **) Ludwig XIV. gab dem Herzog eine genaue Instruktion für sein Verhalten mit, von der in Anlage 6 ein Auszug enthalten ist.

Anlage 7.   ***) Genauere Angaben siehe Anlage 7.

†) Louis Viktor Graf von Vivonne, geboren 1636, war ursprünglich Offizier in der Infanterie und hatte sich erst 1663 dem Dienst zur See zugewendet. Der Fürsprache seiner Schwester, der Frau von Montespan, verdankte er es, daß ihm 1669 das Kommando über die Galeerenflotte übertragen wurde. Er galt zwar allgemein für einen klugen und feinen Kopf, aber nicht für einen guten Seemann. Indeß ersetzte er diesen Mangel durch persönlichen Muth, Kaltblütigkeit und Ruhe. Ja, seine Ruhe artete fast in Trägheit aus, und er pflegte zu sagen: was ihn hauptsächlich bestimmt habe, zur See zu gehen, sei die Annehmlichkeit, daß man dort Krieg führen könne, ohne marschiren oder reiten zu müssen.

Anlage 8.   ††) Zusammensetzung und genauere Stärkenachweisung siehe Anlage 8.

†††) Philipp Herzog von Noailles (auch Navailles) war geboren im Jahre 1619, zählte also damals 50 Jahre. Er hatte eine ausschließlich militärische Laufbahn hinter sich und den Ruf eines tapferen, zuverlässigen und energischen Führers. Aber er galt auch für etwas beschränkt und hochmüthig.

5290 Mann Linien-Infanterie,
535 Leibgarden des Königs,
232 reformirten Offizieren,*)
223 Musketieren des Königs zu Pferde,
<u>328 Mann Linien-Kavallerie.</u>
6608.

Die Linieninfanterie bestand aus 16 Regimentern von sehr verschiedener Zahl der Kompagnien (2 bis 10).**) Eine Eintheilung in höhere Verbände war nicht vorhanden, es wurde vielmehr jedesmal, wenn die Truppen zum Gefecht verwendet werden sollten, je nach dem Zweck eine besondere Zusammenstellung angeordnet. Die Bewaffnung der Infanterie bestand theils aus Musketen, theils aus Piken; außerdem gehörten zu jeder Kompagnie einige Grenadiere. Die Leibgarden des Königs waren gleichmäßig uniformirt (grauweiße Koller und rothe Hosen). Die Linieninfanterie dagegen hatte keine bestimmte Tracht, jeder Mann konnte sich vielmehr nach Belieben kleiden, nur trug er als Abzeichen eine Schärpe in den Farben seines Regimentskommandeurs.

Die Kavallerie war mit schweren Korbdegen und mit Pistolen bewaffnet, die Musketiere des Königs trugen außerdem im Gefecht einen Küraß und Eisenhelm. Die Mannschaften nahmen nach Candia nur Sättel und Zaumzeug mit, aber keine Pferde; diese sollten vielmehr von der Republik Venedig beschafft werden.

Der Werth aller dieser Truppen darf nicht allzuhoch angeschlagen werden. Die Disziplin in dem damaligen Französischen Heere war sehr locker, und die Sucht zu plündern überwog bei Weitem die sonstigen natürlichen militärischen Eigenschaften der Franzosen.***)

Zu den regulären Truppen traten noch hinzu die bewaffneten Offiziersdiener und eine Menge Abenteurer, die sich freiwillig anschlossen und die man nicht zurückwies, da es damals allgemeiner Gebrauch war, einen übermäßig großen Troß mitzuführen.

---

*) „Reformirte" Offiziere waren solche, deren Dienststellen aufgehoben waren (dont la place et la charge a été supprimée), die aber um einen geringen Sold weiter dienten, oft als Gemeine in Reih und Glied.

**) Es waren nicht die vollen Regimenter, sondern nur Theile; der Rest blieb in Frankreich. Den nach Candia gehenden Theilen wurde aber das Recht zuerkannt, den Namen des Regiments zu führen.

***) Der Maréchal de camp Colbert sprach sich in einem Briefe aus Candia an seinen Bruder, den Minister gleichen Namens, hierüber folgendermaßen aus: „...Unser Unglück ist, daß die Truppen, die uns der König zu führen gegeben hat, sowohl Offiziere wie Mannschaften, in Wahrheit nicht viel taugen, und wenn der König diejenigen, die wir hier noch übrig haben, zu Grunde gehen ließe, so würde er keinen großen Verlust erleiden. Ich zweifle nicht, daß man bei Hofe von dem Stand der Dinge hier unterrichtet ist, aber mir scheint, die Gefahren, denen wir ausgesetzt sind, stehen in keinem Verhältniß zu dem Verlust an unserer Ehre, den wir unbedingt erleiden werden, wenn wir mit diesen Leuten noch einmal ein Gefecht annehmen müssen..."

Auch von der Flotte konnten im Nothfall etwa 2000 Matrosen und Seesoldaten ausgeschifft werden, um an Land zu kämpfen. Sie sollten jedoch dann nicht unter den Befehl des Generals Noailles treten, sondern der Ober-Admiral behielt sich ihre Führung selbst vor.

Anfang Mai übersandte Clemens IX. dem Herzog von Beaufort ein Patent als Admiral in Päpstlichen Diensten und ein ähnliches dem Grafen von Vivonne, dem Führer der Französischen Galeeren. Beide Admirale er-hielten gleichzeitig das vom Papste selbst eingesegnete Banner der heiligen Kirche, das sie auf ihren Flaggschiffen am Großmast führen sollten. Es bestand aus einer purpurnen Fahne, auf der in der Mitte das Kruzifix und zu dessen beiden Seiten die Apostelfürsten Petrus und Paulus abgebildet waren. Als Versammlungspunkt für die Galeeren sämmtlicher an der Ver-theidigung Candias betheiligter Staaten (Päpstliche, Französische und Malte-sische) wurde Messina bestimmt. Der Herzog von Beaufort dagegen sollte mit den Segelschiffen geraden Wegs und selbständig nach Candia fahren, um möglichst wenig Zeit zu verlieren.

Obwohl die Hochbordflotte fast drei Wochen später von Toulon aufbrach als die Galeeren, überholte sie diese doch sehr bald dank einem äußerst günstigen Winde, der ihr erlaubte, die ganze Fahrt bis Candia ohne Auf-enthalt in 14 Tagen zurückzulegen. In der Nähe der Insel Cerigo traf sie mit der Venezianischen Hochbordflotte unter dem capitano delle navi Tabbeo Morosini zusammen, die der Französischen entgegengegangen war, um sie zu begrüßen und ihr das Geleit zu geben.

Am 19. Juni abends warfen beide auf der Rhede von Candia Anker. Noch in der Nacht begab sich der Herzog von Noailles in die Stadt, um sich von dem Zustande der Festung zu überzeugen und bezüglich der Ver-wendung der Französischen Landungstruppen mit Morosini und dem General St. André-Montbrun Verabredungen zu treffen. 200 Mann der Garden begleiteten ihn dabei, der Rest der Mannschaften blieb vorläufig auf den Schiffen. Auch am anderen Tage wurde nur die Kavallerie gelandet, für welche die Venezianer inzwischen bereits die Pferde beschafft hatten. Obwohl die Ausschiffungen sonst stets zur Nachtzeit stattfanden, um nicht von den Geschossen der Türken, die den Hafen bei Tage unter Feuer hielten, zu leiden, verlangten die Musketiere des Königs noch vor Dunkelwerden an Land gesetzt zu werden, weil sie es für unter ihrer Würde hielten, sich dabei den Blicken der Türken zu entziehen. Ihr Wunsch wurde erfüllt, allein die feindlichen Geschosse erreichten eine der Schaluppen und bohrten sie in den Grund, wobei ein großer Theil der Insassen das Leben einbüßte.

In den nächsten Tagen wurden auch die übrigen Truppen an Land gesetzt; sie bezogen Quartiere theils in den Häusern der Stadt, theils unter großen Zelten, die in der Nähe der Festungswerke errichtet waren. Die Kavallerie fand mit den Pferden ein Unterkommen im Arsenal.

8. Der Ausfall der Franzosen am 25. Juni 1669.

Seit Beginn des Jahres 1669 hatten die Türken mit ihrem Angriff gegen Candia bedeutende Fortschritte gemacht. Bei San Andrea war nicht nur das Bastion selbst, sondern auch der dahinter erbaute Abschnitt (Nr. 41 des Planes) durch den Angriff mit der Sappe in ihre Hände gefallen. Sie stellten nun auf dem Wall des Abschnittes Geschütze auf und hielten von hier den ganzen westlichen Theil der Stadt unter Feuer. Zwar hatten die Ver-theidiger begonnen, weiter rückwärts einen neuen größeren Abschnitt (Nr. 42 des Planes) zu errichten, allein er war noch sehr schwach im Profil und konnte unmöglich lange Widerstand leisten. Wurde auch er genommen, so mußte die Festung fallen, denn zum Bau eines dritten Abschnittes, für den ein Entwurf allerdings schon aufgestellt war (Nr. 43 des Planes), fehlten die Kräfte.

Bei Sabionera hatte die Türkische Artillerie fast das ganze Bastion zerstört und in einen Trümmerhaufen verwandelt. Auch in dem dahinter angelegten Abschnitt (Nr. 8 des Planes) befand sich eine 30 Schritt breite Bresche; doch schienen die Türken hier noch keinen ernstlichen Sturm wagen zu wollen. Die Zahl der Vertheidiger in der Festung war äußerst gering, weil die Venezianer in der Hoffnung auf die Französische Hülfe mit dem Nachschub von Verstärkungen in der letzten Zeit sehr gespart hatten. Die noch dienstbrauchbaren Mannschaften reichten kaum aus, um die wichtigsten Posten zu besetzen, die Zahl der Verwundeten und Kranken war dagegen un-verhältnißmäßig hoch.

Dieser wenig tröstliche Zustand der Festung ließ ein rasches Eingreifen der Franzosen als dringend nothwendig erscheinen. Schon am 23. Juni, nachdem auch der Herzog von Beaufort an Land gekommen war, fand daher bei dem Generalkapitän eine gemeinsame Berathung der Französischen und Venezianischen Führer statt, wobei sich der Herzog von Noailles erbot, mit seinen gesammten Truppen schon in den nächsten Tagen einen Ausfall zu machen. Obgleich sowohl Morosini wie auch Montbrun dringend riethen, damit zu warten, bis die Galeerenflotte und die auf ihr befindlichen Ver-stärkungen eingetroffen seien, hielt der Herzog doch an seinem Vorhaben fest. Er machte dafür geltend, daß der Erfolg der Unternehmung um so größer sein müsse, je früher sie ausgeführt werde, weil sonst der Feind Zeit gewinne, sich dagegen zu schützen. Und in der That hatten die Türken bereits begonnen — offenbar in der Erwartung eines baldigen Ausfalls —, ihre Verschanzungen zu verstärken, sich namentlich auch nach der See hin gegen eine Beschießung durch die christliche Flotte zu decken und ihre Reiterei, die für gewöhnlich auf der Insel zerstreut lag, bei Candia zu sammeln.

Da diese Gründe von fast allen Theilnehmern an der Berathung als maßgebend anerkannt wurden, so fügte sich Morosini der allgemeinen Ansicht.

Der Französische Führer richtete nun an ihn die Frage, wie viel Mann-
schaften er seinerseits an dem Ausfall theilnehmen lassen werde. Ueber die
Antwort des Generalkapitäns gehen die Angaben sehr auseinander. Die
Französischen Quellen behaupten, er habe sich verpflichtet, mehrere tausend
Mann zu stellen, die Venezianischen dagegen leugnen dies übereinstimmend
und führen an, Morosini habe nie mehr als eine beschränkte Anzahl von
Arbeitern zum Einebnen der eroberten Schanzen und Zerstören der Geschütze
zugesagt, sowie einen kleineren Ausfall auf der dem Französischen Angriff
entgegengesetzten Seite der Festung, um hierher einen Theil der Türkischen
Kräfte abzulenken.

Da die Protokolle der Berathung nicht erhalten sind, so ist es schwer,
eine sichere Entscheidung darüber zu treffen, auf wessen Seite hier die Wahrheit liegt. Die innere Wahrscheinlichkeit spricht indeß dafür, daß Morosini,
der bekanntlich kein Freund der Ausfälle war, nicht eine fast größere Zahl
von Mannschaften dazu angeboten hat, als er überhaupt noch in dienstfähigem
Zustande besaß. Immerhin hat diese Angelegenheit den Franzosen den Vorwand geboten, die Schuld für den gänzlichen Mißerfolg ihres Unternehmens
dem Generalkapitän zuzuschieben, weil dieser sie mit der versprochenen
Unterstützung im Stich gelassen habe. Die Darstellung der Ereignisse wird
lehren, wie weit dieser Vorwurf begründet ist.

Es wurde beschlossen, den Ausfall gegen die Belagerungsarbeiten vor
dem Bastion Sabionera zu unternehmen, da man sich hier den meisten Erfolg versprach. Der Herzog von Beaufort erbot sich, nicht nur die ausfallenden Truppen durch 1500 Mann von der Flotte unter seiner eigenen
Führung zu verstärken, sondern auch die Türkischen Verschanzungen von der
See her mit den Französischen Schiffen zu beschießen.

Auf Wunsch der Französischen Führer wurde das Unternehmen bereits
auf den Morgen des 25. Juni festgesetzt und unter Mitwirkung des Generalkapitäns folgender Plan entworfen: Da ein Angriff gegen die Türkischen
Verschanzungen in der Front so gut wie aussichtslos erschien, so sollte er
von der Flanke, von dem Fort San Demetrio her, erfolgen. Der Haupt-
werth mußte dabei darauf gelegt werden, sich der auf den Anhöhen östlich der
Festung errichteten Türkischen Batterien zu bemächtigen. Gegen diese sollte
daher der Hauptangriff gerichtet werden, wobei es nöthig wurde, die vor dem
Bastion Sabionera angelegten Verschanzungen und Laufgräben in der linken
Flanke zu umgehen. Um hierbei gegen seitliche Ausfälle aus den Laufgräben
gesichert zu sein, sollten diese durch eine besondere Abtheilung von der Seite
her angegriffen werden. Eine starke Reserve war bestimmt, unerwartet
herantretende Aufgaben zu lösen und Rückschlägen zu begegnen. Auch die
Kavallerie sollte auf die einzelnen Kolonnen vertheilt werden, da das offene
Terrain auf der Ostseite der Festung ihre Verwendung möglich machte.
Diesem Plan entsprechend war die Eintheilung der Truppen folgende:*)

Anlage 9.   *) Genauere Angaben siehe Anlage 9.

1. Vorhut, unter dem Brigadier der Infanterie Dampierre: 50 Grenadiere, 400 Mann Freiwillige (enfants perdus) aus allen Regimentern und
3 kleinere Kavallerietrupps.

2. Gros, unter dem Generallieutenant de Bret: 6 Regimenter Infanterie
(22 Kompagnien) und 4 Kavallerietrupps.

3. Eine Zwischenpostirung (Sonderreserve für die Vorhut), unter dem
Brigadier der Garden Castelan: die Gardetruppen und 100 reformirte Offiziere,*) etwa 600 Mann.

4. Allgemeine Reserve, unter dem Brigadier der Kavallerie Choiseul:
6 Regimenter Infanterie (21 Kompagnien) und 4 Kavallerietrupps.

5. Marinetruppen, unter dem Admiral Herzog von Beaufort: 1500 Mann
in drei Bataillonen mit verschiedener Kompagniezahl formirt. Jede Kompagnie stand unter dem Befehl desjenigen Kapitäns, von dessen Schiff sie
entnommen war.

Sämmtliche Truppen versammelten sich in der Nacht vom 24. zum
25. Juni im Hauptgraben des Forts San Demetrio, und hier gab Noailles
seine näheren Befehle aus. Die Vorhut, unterstützt von der Zwischenpostirung,
sollte die linke Flanke der Türkischen Verschanzungen und Laufgräben, das
Gros dagegen die Batterien auf den Höhen angreifen, die allgemeine Reserve
zunächst eine Stellung zwischen den Türkischen Angriffsarbeiten vor Sabionera
und Neu-Candia nehmen und später dem Gros folgen. Die Marinetruppen,
denen Noailles zur Leitung der infanteristischen Maßregeln seinen maréchal
de camp Colbert beigegeben hatte, sollten so lange das Glacis des Forts
San Demetrio besetzt halten, bis die Batterien genommen seien, dann aber
ihrerseits die Türkischen Laufgräben mit zwei Bataillonen in der Front, mit
dem dritten dagegen in der rechten Flanke, also längs des Meeres, angreifen,
so daß die Vertheidiger zwischen zwei Feuer gerathen mußten.**)

Um den Truppen, namentlich der Kavallerie, das Herauskommen aus
dem Graben zu erleichtern, war dessen Kontreskarpe an mehreren Stellen
rampenförmig abgestochen worden. Eine Stunde vor Tagesanbruch begann
der Vormarsch und zwar mit solcher Ruhe, daß die Türken nichts davon
merkten. Sämmtliche Kolonnen nahmen zunächst eine Aufstellung in Schlachtordnung in der linken Flanke der Türkischen Laufgräben an dem Wege von
Neu-Candia nach Sabionera auf einer Anhöhe. Als es anfing Tag zu
werden, bemerkten die Franzosen auf Musketenschußweite vor sich einzelne
Erdwerke und Redouten, welche die Flanken der Türkischen Laufgräben deckten,
sowie zahlreiche Lagerzelte und Hütten. Sofort gab Noailles das Zeichen
zum Angriff für die Vorhut. Unterstützt durch einen Theil der Garden, bemächtigte sich diese der feindlichen Redouten im ersten Anlauf und drang so-

---

*) Die übrigen reformirten Offiziere waren auf die Infanterie-Regimenter vertheilt.

**) Diesen sehr künstlichen Plan hielt Noailles für so vorzüglich, daß er ihn später
den Denkwürdigkeiten seines Lebens einverleibte.

dann von der Seite her in die Laufgräben ein, Alles niedermachend, was sich
ihr entgegenstellte. Fast gleichzeitig waren auch die Regimenter Saint-Valier
und Lorraine vom Gros gegen den Rücken der Verschanzungen vorgegangen
und hatten hier gleichfalls binnen Kurzem alle Stellungen der Türken genommen. Diese, vielfach im Schlafe überrascht, leisteten nur geringen Widerstand und flohen theils auf die Anhöhen hinter den Batterien, theils stürzten
sie sich in das Meer, um sich durch Schwimmen zu retten, oder gaben sich
gefangen.*) Der Rest des Gros war inzwischen den vorangegangenen
Regimentern Saint-Valier und Lorraine gefolgt, hatte sich gegen die Batterien
gewendet und diese erstürmt. Hierbei wurde er von den übrigen Gardetruppen
und den reformirten Offizieren unterstützt, die allein 32 Geschütze eroberten.
Auch der Herzog von Beaufort wollte nunmehr seine Marinetruppen gegen
Front und rechte Flanke der Laufgräben vorführen, indem er zunächst im
Graben der Festung bis vor das Bastion Sabionera marschirte und von hier
aus angriff. Es folgten ihm aber nur 300 Mann, die übrigen zogen es
vor, im Graben zu bleiben. Trotzdem gelang es dem Herzog, mit der kleinen
Abtheilung in die Laufgräben einzudringen und alle noch darin befindlichen
Türken zu verjagen oder zu tödten. So gelangte also in Zeit von kaum
einer Stunde die ganze Türkische Stellung vor Sabionera in die Hände der
Franzosen, und es wäre nun deren Aufgabe gewesen, die gewonnenen Punkte
zu besetzen und festzuhalten. Allein schon hatten sich alle Truppen mit
Ausnahme weniger Abtheilungen der Reserve aufgelöst und begannen trotz
ausdrücklichen Verbotes die Türkischen Lagerhütten und Zelte zu plündern.
Dabei betrat ein Grenadier der Garden eine Höhle unterhalb einer der genommenen Batterien, in der die Türken bedeutende Pulvervorräthe aufbe-
wahrten. Wahrscheinlich durch die brennende Lunte des Mannes wurden die
ganzen Pulvermassen entzündet und explodirten mit furchtbarer Gewalt, einen
Theil des Felsens und alle darauf befindlichen Franzosen, zumeist Garden,
mit sich in die Luft schleudernd. Nun waren in ganz Europa zu der damaligen Zeit die schrecklichsten zum Theil weit übertriebenen Gerüchte über
die verheerenden Wirkungen der Minen bei Candia verbreitet. Als jetzt die
Franzosen das Krachen der Explosion hörten und die gewaltige Rauch- und
Staubwolke, untermischt mit Felsstücken und menschlichen Leibern, bemerkten,
die sich an der Stelle des Unglücks erhob, bemächtigte sich ihrer die Furcht,
der ganze Boden, auf dem sie sich befanden, könne unterminirt sein. Ein
allgemeiner Schrei: Gare aux mines! ertönte, und Alles stürzte in wilder
Hast auf die Festung zu. Vergebens bemühten sich die höheren Offiziere,
die fliehende Masse zum Stehen zu bringen, — es gelang kaum, die wenigen
noch geschlossenen Truppentheile der Reserve außerhalb des feindlichen Lagers
festzuhalten.

---

*) Es wird erzählt, daß Viele sich auf die Knie geworfen, das Kreuz geschlagen und
ausgerufen hätten: „Ich bin ein Christ!" Vielleicht waren dies Sklaven oder gezwungen
arbeitende Schanzgräber.

Inzwischen hatten sich die Türken auf den Anhöhen hinter den Batterien wieder gesammelt und gingen nun, durch die Panik der Franzosen ermuthigt, ihrerseits zum Angriff vor. Ein Theil von ihnen drang von rückwärts her in die Verschanzungen ein, und da sie mit der Oertlichkeit besser vertraut waren als die Franzosen, gelang es ihnen, die meisten, die sich in den Laufgräben verirrten, gefangen zu nehmen oder zu tödten. Ein anderer Theil der Türkischen Truppen stürzte sich mit gewaltigem Geschrei von den Anhöhen auf die außerhalb der Verschanzungen nach der Stadt zurückfluthenden Massen der Franzosen. Der Herzog von Noailles in Person und der Führer des Gros de Bret warfen sich ihnen zwar an der Spitze der Musketiere des Königs sowie einer Schwadron Kavallerie entgegen und trieben sie eine Strecke weit zurück. Allein jetzt erschienen von Neu-Candia und San Andrea her bedeutende Verstärkungen der Türken, namentlich auch Reiter, und griffen die letzten noch geschlossenen Reserven der Franzosen in der Flanke an. Diese wandten sich zur Flucht und rissen ihren Kommandeur Choiseul sowie den Oberbefehlshaber selbst mit sich. Beide Führer scheuten keine Bitten und Drohungen, die Leute zum Stehen zu bringen, allein Niemand hörte mehr auf sie. Nachdem dem Herzog sein Pferd unter dem Leibe erschossen war und acht Kavaliere seines Stabes neben ihm den Tod gefunden hatten, zog auch er, als der Letzten einer, sich nach der Festung zurück. Erst vor deren Mauern kam das Vorgehen der Türken zum Stehen.

Ein trauriges Schicksal ereilte den Herzog von Beaufort. Er hatte kurz vor der Explosion in der Annahme, Alles sei glücklich beendet und der Sieg gesichert, sich zu Noailles begeben wollen, um mit diesem weitere Maßnahmen zu besprechen. Allein er war dabei mit seiner Umgebung in den Strudel der zurückströmenden Französischen Infanterie hineingerathen und mitgerissen worden. Vergebens suchte er die in seiner Nähe befindlichen Leute festzuhalten und wieder vorzuführen; nach wenigen Schritten fand er sich von Allen, sogar von seinem Adjutanten de Villarceau, getrennt und ist dann wahrscheinlich den Türkischen Geschossen erlegen. Jedenfalls hat man nie wieder etwas von ihm gehört, und auch sein Leichnam war nicht zu finden, obwohl in den nächsten Tagen das Schlachtfeld sorgfältig danach abgesucht wurde. Dieser Umstand gab Veranlassung zu dem Gerücht, der Herzog sei gar nicht gefallen, sondern von den Türken gefangen genommen. Verschiedene Umstände sprechen aber gegen diese Annahme, auch ließ der Großvezir auf eine Anfrage erwidern, er wisse nichts von dem Herzog, was er sicher nicht gethan haben würde, wenn ein so naher Verwandter des Königs von Frankreich in seine Hände gefallen wäre.*) Die geplante Beschießung der Türkischen Ver-

---

*) Der Großvezir soll vor dem Französischen Unterhändler fünf große Säcke mit den abgeschnittenen Köpfen der gefallenen Franzosen, die schon eingesalzen waren, um nach Konstantinopel geschickt zu werden, haben ausschütten lassen, damit er sich den Kopf des Herzogs von Beaufort heraussuche. Dieser war aber nicht darunter, so daß das Verschwinden des Französischen Admirals unaufgeklärt blieb.

schanzungen und Batterien durch die Französische Flotte war nicht zur Ausführung gekommen, weil widrige Winde die Schiffe verhinderten, sich auf
Schußweite dem Ufer zu nähern. Auch der versprochene Ausfall der Benezianer bei San Andrea, der einen Theil der Türkischen Kräfte dorthin ab-
lenken sollte, scheint nur mit unzulänglichen Mitteln*) unternommen worden
zu sein. Wenigstens behaupten die Franzosen, der Generalkapitän habe in
dieser Beziehung nicht sein Wort gehalten. Nach ihren Angaben sollen sogar
die von Morosini zugesagten 400 Arbeiter, die bestimmt waren, bei Sabionera
die eroberten Türkischen Batterien zu zerstören und die Laufgräben einzuebnen,
ausgeblieben sein. Die Venezianer dagegen behaupten, die Arbeiter hätten
bereitgestanden, seien aber durch den schnellen Rückzug der Franzosen am Aus-
rücken gehindert worden. Sei dem nun, wie ihm wolle, jedenfalls darf man
bezweifeln, ob diese Leute im Stande gewesen wären, von den Verschanzungen
der Türken, an denen diese viele Monate gearbeitet hatten, in den zwei
Stunden, die der Kampf im Ganzen dauerte, einen nennenswerthen Theil zu
zerstören.

So hatten also verschiedene ungünstige Umstände zusammengewirkt, um
auch diesen mit so viel Hoffnungen unternommenen Ausfall Französischer
Hülfstruppen scheitern zu lassen. Die nächste Folge hiervon war, daß den
Türken der Muth gewaltig wuchs, weil sie über Truppen der damals anerkannt besten Armee Europas gesiegt hatten, und daß sie nunmehr ihre Anstrengungen verdoppelten, um Candia zu Fall zu bringen.**) Fragt man
nach den tiefer liegenden Ursachen für das Mißlingen des Ausfalls, so sind
sie aus den Ereignissen unschwer zu entnehmen. Ein Französischer Schriftsteller sagt zwar, seine Landsleute seien außer Stande gewesen, gleichzeitig
über die Barbaren, die Elemente, den Zufall und den Verrath zu siegen, —
aber diese Umstände sind wohl nicht allein für den Mißerfolg bestimmend
gewesen.

Zunächst hatte man den Ausfall nicht genügend vorbereitet. Die Franzosen waren weder mit dem sehr schwierigen und durch die zahlreichen Laufgräben, Batterien x. noch ungangbarer gewordenen Gelände vertraut, noch
kannten sie die Kampfweise der Türken. Sie wußten nicht, daß diese fast
immer, nachdem sie sich anscheinend leicht zur Flucht gewendet hatten, nach
kurzer Zeit wieder um so entschiedener zum Angriff vorgingen, und zwar gewöhnlich dann, wenn der Gegner sie am wenigsten erwartete. So hatten
die Franzosen auch hier bereits an einen völligen Sieg geglaubt, und anstatt
sich in den genommenen Stellungen festzusetzen und sie zur Vertheidigung
einzurichten, sich der abscheulichen Gewohnheit des Plünderns hingegeben.

---

*) Wie es heißt, 200 Mann.

**) Die Türken pflegten nach dem Ausfall spottend zu sagen: die Franzosen hätten
zu kurze Schwerter und zu lange Stiefel gehabt. Der Doppelsinn dieser Worte bezieht
sich theils auf die thatsächliche Tracht der Französischen Truppen, theils auf den Umstand,
daß sie weniger Zeit zur Flucht als zum Angriff gebraucht hatten.

Auch ohne den unglücklichen Zufall der Explosion würden sie hierbei dem Angriff der in verstärkter Anzahl zurückkehrenden Türken sicherlich unterlegen sein. Ihre Zahl war überhaupt zu gering, um einen dauernden Erfolg gewährleisten zu können, weshalb ja auch der erfahrene Morosini gewünscht hatte, die Ankunft der Galeeren abzuwarten. Allein die Sucht, den erwarteten Ruhm nicht mit Anderen theilen zu müssen, vielleicht auch die Abneigung des Französischen Führers, von dem Venezianer Belehrungen und Rathschläge anzunehmen, hatten ihn bestimmt, auf seinem Wunsch eines sofortigen Ausfalles zu bestehen.*)

Andererseits muß zugegeben werden, daß ein mit ausreichenden Kräften unternommener Ausfall der Venezianer bei S. Andrea die Aufgabe der Franzosen sehr erleichtert haben würde, und daß Morosini sich seine Sache allzu leicht gemacht hat, als er den Franzosen die Sorge für das Gelingen der Unternehmung bei Sabionera allein überließ.

Leider verursachten diese Verhältnisse nicht nur ernstliche Zerwürfnisse zwischen den Führern der Franzosen und Venezianer, sondern auch häufig blutige Streitigkeiten unter den Offizieren und Soldaten. Anstatt sich gegenseitig nach Kräften zu unterstützen, betrachteten sich beide Theile mit unverhohlenem Mißtrauen, und in der Brust des Herzogs von Noailles mag schon damals der Entschluß gereift sein, sobald wie möglich aus dem Hexenkessel von Candia zu entkommen, — ein Entschluß, dessen Ausführung wenige Monate später den Fall der Festung herbeiführte.

Die Verluste der Franzosen bei dem Ausfall vom 25. Juni an Todten und Verwundeten betrugen im Ganzen 245 Offiziere**) und etwa 560 Mannschaften, darunter die der Garden allein 11 Offiziere und 102 Mann. Die Türken sollen gegen 1200 Leute verloren haben.

---

*) J. B. Scheither urtheilt über diese Angelegenheit folgendermaßen: „ . . . Da dann die Franzen ihrer angeborenen Hitze nach nicht so lange konnten Gedult tragen, daß darüber (den Ausfall) ein beständiger Schluß gemachet und dasselbe, was gesolviret worden, durch Beystand der gantzen Guarnison hette können exequiret werden, sondern sie haben gantz allein die Ehr haben wollen, daß sie diese nunmehr in letzten Zügen liegende Stadt von ihrem Feind were befreyet worden; so gar, daß sie auch uns, die armen Teutschen, hochmütig der Zag- und Trägheit beschuldigten, worgegen man ihnen nichts anders sagen könne, als daß man erst sehen müsse, was sie ausrichten würden: weil sie den Feind noch nicht recht kenneten, vielleicht möchten sie es hernechst besser Kauff geben, wie denn auch geschehen . . . Die Franzen sind hierauf gantz kleinlaut geworden, haben die Pfeiffen eingezogen und angefangen, viel von den Teutschen und dieselben vor ihre besten Kameraden zu halten . . .“

**) In dieser Zahl sind die reformirten Offiziere und die Musketiere des Königs, die Offiziersrang hatten, mit einbegriffen. 80 Offiziere waren im Ganzen todt, darunter der Brigadier der Garden Castellan und die Kommandeure der Regimenter Rozan, Lorraine und Lignières.

---

9. Verſammlung der Päpſtlichen, Franzöſiſchen und Malteſiſchen Galeerenflotten und ihre Fahrt nach Candia.

Bei den Verhandlungen des Römiſchen Hofes mit dem Könige Ludwig XIV. wegen der Hülfe für Candia war, wie erwähnt, als Verſammlungsort der Galeerenflotten derjenigen drei Mächte, die überhaupt Streitkräfte zur See ſtellten, nämlich Frankreichs, des Kirchenſtaates und des Malteſerordens, der Hafen von Meſſina, und als Zeitpunkt Anfang Juni verabredet worden.

Die päpſtliche Galeerenflotte, die den Winter in Civitavecchia zugebracht hatte, wurde hier im Frühjahr 1669 wieder in Dienſt geſtellt und um zwei Schiffe vermehrt.*) Roſpigliofi führte außer ſeinem perſönlichen Stabe noch zwei jüngere Brüder, von denen der eine Geiſtlicher war, mit ſich, ſowie eine Anzahl anderer Kavaliere, darunter den jungen Deutſchen Grafen von Holſtein, einen Neffen des Kardinals Landgrafen von Heſſen. Am 18. Mai traf der Päpſtliche Admiral von Rom in Civitavecchia ein, am 20. Mai gingen die Schiffe aus dem Arſenal in den Hafen, die Landungstruppen wurden an Bord geſchafft, und am 24. erfolgte die Abfahrt.**) Stürmiſcher Winde wegen mußte am 26. Gaëta und am 30. die Inſel Niſita angelaufen werden, ſo daß die Schiffe erſt am 6. Juni in Meſſina eintrafen. Hier wartete bereits die Malteſiſche Flotte, ſieben Galeeren***) ſtark, wiederum unter dem Befehl des Admirals Accarigi.

Am Pfingſtſonntag, dem 9. Juni, fand im Hafen von Meſſina die feierliche Entfaltung des Banners des Heiligen Kreuzes ſtatt, unter dem ja

---

*) Sie beſtand jetzt aus ſieben Fahrzeugen, nämlich:

Galeere „Capitana",   Kapitän Petrucci, Flaggſchiff Roſpigliofis,
  »   „Padrone",   :   Adelaſio,
  »   „S. Caterina",   «   Fabroni,
  »   „S. Aleſſandro",   «   Sprati,
  »   „S. Pietro",   »   Bontempi,
  »   „S. Clemente" (neu) »   Carbucci,
  »   „S. Giulio" (neu) »   de Vecchi.

**) Der Papſt hatte durch Breve vom 1. April 1669 für alle in Candia Fechtenden einen Generalablaß und für diejenigen, welche im Kampfe fallen ſollten, Vergebung ſämmtlicher Sünden bewilligt.

***) Ihre Namen waren:

1. „Capitana" (Flaggſchiff des Admirals),
2. „Padrona",
3. „Magiſtrale",
4. „S. Nicola",
5. „S. Pietro",
6. „S. Luigi",
7. „S. Antonio di Paola".

fortan sämmtliche chriftlichen Streitkräfte bei Candia kämpfen follten. Ueber eine Woche wartete die Päpftlich-Maltefifche Flotte in Meffina auf das Erfcheinen der Französischen Galeeren. Als diefe aber auch am 15. Juni noch nicht gemeldet waren, und das bis dahin fehr ftürmifche Wetter fich plötzlich befferte, befchloß Rofpigliofi den günftigen Umftand zu benutzen, und brach nach Corfu und von dort am 22. Juni nach Zante auf.

Am Morgen des 27. Juni erfchien hier endlich die Französische Galeerenflotte. Sogleich erhoben fich wieder Streitigkeiten über die Art der gegenfeitigen Begrüßung, da der Französische Admiral Anfprüche machte, die ihm die Anderen nicht gewähren wollten. Zuletzt gab Rofpigliofi nach, wie er felbft in feinem Bericht nach Rom darüber fagt: „um jede andere Rückficht dem Dienfte Gottes hintanzufetzen und fchädliche Uneinigkeiten zu vermeiden". Am Abend des 27. Juni fuhr dann die verbündete Flotte, nunmehr 32 Galeeren,*) 3 Galeotten und einige kleinere Fahrzeuge ftark, von Zante ab. Die Fahrt ging längs der Weftküfte von Griechenland nach der Bucht von S. Nicola auf der Infel Cerigo. Am 2. Juli erfchien hier Tabdeo Morofini mit fechs Venezianifchen Schiffen und überbrachte Rofpigliofi zwei Briefe des Generalkapitäns, worin diefer den Generaliffimus unter Hinweis auf den troftlofen Zuftand der Feftung bringend erfuchte, feine Fahrt nach Candia foviel wie möglich zu befchleunigen.**)

Rofpigliofi brach daher am 1. Juli Abends auf. Am frühen Morgen des folgenden Tages, als fich die Flotte in der Nähe des Kaps Spada befand, kamen 16 Türkifche Galeeren in Sicht. Sofort nahmen die chriftlichen Schiffe die Schlachtordnung ein und gingen dem Feind entgegen. Allein diefer ergriff die Flucht und zog fich in füdöftlicher Richtung zurück. Nach vierftündigem fcharfem Rudern mußte die chriftliche Flotte die Verfolgung aufgeben, da die Türken den fchützenden Hafen von Canea erreichten. Sie fetzte daher die Fahrt nach Candia fort und traf hier am Abend des 3. Juli ein. Während fie, in drei Gefchwadern formirt, nahe der Stadt vorüberfuhr, erhielt fie von fämmtlichen Gefchützen der Feftung und der dort verfammelten 48 Venezianifchen und Französischen Kriegsfchiffe einen dreifachen Königsfalut. Rings um die Stadt im Halbkreife fah man in der Ebene die Zelte der Türken und bemerkte deutlich das Gefchütz- und Gewehrfeuer von den Wällen. Am Ufer ritt Türkifche Reiterei hin und her, wahrfcheinlich um eine etwaige Landung zu verhindern. Da die Rhede von Candia bereits ganz von Schiffen befetzt war, gingen die Galeeren fogleich nach der Infel Stantia weiter, in deren gefchützten Buchten fie einen ficheren Ankerplatz fanden.

---

*) Nämlich: 7 Päpftliche, 13 Französische, 7 Maltefifche und 5 Venezianifche, die fich in Zante angefchloffen hatten.

**) Auszüge aus diefen Briefen, die ein Bild der Lage Candias zu jener Zeit geben, fiehe Anlage 10.

Anlage 10.

10. Ereigniffe bei Candia im Sommer 1669.

Nach dem Eintreffen der verbündeten Galeerenflotte, der letzten größeren Verstärkung, die die Vertheidiger von Candia in der nächsten Zeit zu erwarten hatten, wurde die Frage brennend, was nunmehr zur Rettung der Festung unternommen werden könne, und insbesondere, in welcher Weise die bedeutenden Streitkräfte zur See auszunutzen seien. Bald nach der Ankunft der Päpstlichen Flotte erschien daher der Generalkapitän Morosini bei Rospigliosi, um mit ihm eine vorläufige Verabredung zu treffen. Sie kamen dahin überein, eine Versammlung aller christlichen Führer nach Candia auf Sonntag den 7. Juli zu berufen, in der die nöthigen Beschlüsse gefaßt werden sollten. Da sich aber der Herzog von Noailles krank meldete,*) so wurde ein Aufschub bis zum 10. Juli nöthig. An diesem Tage blieb der Maltesische Admiral Accarigi krank auf seinem Schiffe zurück; er hatte aber den Generalissimus mit seiner Vertretung betraut. Der Kriegsrath fand in der Wohnung Morosinis unter Vorsitz Rospigliosis statt, und es nahmen daran außer diesem, dem Generalkapitän und den Französischen Führern General Noailles und Admiral Vivonne**) auch noch der General Montbrun, sowie der Venezianische General Battaglia theil.

Zwei Vorschläge wurden hierbei zur Berathung gestellt: 1. Es sollten die verbündeten Flotten alle verfügbaren Mannschaften ausschiffen, um mit ihnen einen größeren Ausfall zu machen, oder 2. sämmtliche Galeeren und Segelschiffe die Türkischen Verschanzungen vor einem der beiden Endbastione beschießen, und darauf die Garnison die hierdurch verursachte Verwirrung bei den Türken benutzen, um auszufallen.

Der erste Vorschlag fand wenig Anklang, dagegen versprach man sich von der Beschießung durch die Schiffe einigen Erfolg. Nur Rospigliosi machte geltend, daß die Türken längst auf einen Angriff der christlichen Flotte vorbereitet wären und ihre Verschanzungen in der Nähe des Meeres bereits dementsprechend angelegt oder umgeändert hätten. Aus ganz ähnlichen Gründen sei man schon im vorigen Jahre von dem Gedanken einer Beschießung von den Schiffen aus wieder abgekommen. Auch diesmal könne der einzige Schaden, der dem Feinde vielleicht zugefügt würde, in der Demontirung eines oder des anderen nicht genügend gedeckten Geschützes bestehen, die

---

*) Rospigliosi läßt in seinen Berichten durchblicken, daß die Erkrankung des Herzogs nur ein vorgeschobener Grund gewesen sei, um einen Beschluß überhaupt zu vereiteln und sich der Theilnahme an der Vertheidigung Candias zu entziehen, eine Annahme, die allerdings in dem späteren Verhalten der Französischen Führer eine gewisse Bestätigung findet.

**) Vivonne hatte nach dem Tode des Herzogs von Beaufort auch den Befehl über die Hochbordschiffe übernommen. (Vergl. die Instruktion Ludwigs XIV. in Anlage 6.)

Erdwerke felbst würden nicht darunter leiden.   Umgekehrt ständen die vorans-
sichtlichen Verluste der Flotte in gar keinem Verhältnisse zu dem etwaigen Erfolge, denn ein Kampf hölzerner Fahrzeuge gegen Erdschanzen sei stets so
ungleich, daß man sagen könne: ein einziges Geschütz am Lande habe mehr
Werth als ein ganzes Schiff.   Als trotz dieser gewichtigen Bedenken die
Mehrzahl der Mitglieder des Kriegsrathes an der Beschießung durch die
Flotte festhielt, gab Rospigliosi indeß wie gewöhnlich nach.   Man setzte dann
fest, daß das Unternehmen sobald wie möglich auf der Seite von San
Andrea erfolgen sollte, weil sich hier die Schiffe dem Ufer mehr nähern
konnten als bei Sabionera.

Obwohl sich die Aussichten auf einen Erfolg der Beschießung mit jedem
Tage, den die Türken zur Verstärkung ihrer Strandbatterien verwenden
konnten, verringerten, vergingen doch noch zwei Wochen bis zur Ausführung.
Schuld daran trug das stürmische Wetter, denn nur bei vollkommen ruhiger
See durfte man hoffen, mit den Schiffsgeschützen so kleine Ziele wie die fast
ganz in die Erde versenkten Türkischen Batterien zu treffen.   Endlich am
23. Juli bewegte kein Lufthauch die See, und auch für den folgenden Tag
sagten die wetterkundigen Piloten Windstille voraus.   Der Generalissimus
hatte zwei Befehle ausgegeben; der eine setzte fest, in welcher Weise die
15 Französischen und 14 Venezianischen Hochbordschiffe, sowie die 6 Venezianischen Galeassen*) von den Galeeren ins Schlepptau zu nehmen und auf
die ihnen bezeichneten Plätze zu schaffen seien.**)   Der andere enthielt eine
Bestimmung über die Zeichen, nach denen bei Tage oder bei Nacht die Be-
wegungen ausgeführt, das Feuer eröffnet und eingestellt werden sollte.   Außerdem wurde jedem Führer ein Plan übergeben, worauf für die einzelnen Abtheilungen der Flotte ihr Platz in der Schlachtordnung genau eingezeichnet war.

Schon am Abend des 23. Juli vereinigten sich sämmtliche Schiffe auf der
Rhede von Candia und am anderen Morgen um 6 Uhr nahmen sie die ihnen
bezeichneten Plätze ein.   Es muß ein imposanter Anblick gewesen sein, als diese
58 Fahrzeuge, an der Spitze die Päpstliche „Capitana" mit dem Banner
des heiligen Kreuzes, das die Inschrift trug: Dissipentur omnes inimici
ejus! sich in einer Linie vorbewegten, um sich auf Musketenschußweite vom
Ufer vor Anker zu legen.   Allein die Türken, denen die Absicht der Beschießung
nicht unbekannt geblieben war,***) gaben Acht, empfingen die anrückende christ-

---

*) Die Rudermannschaften der Galeassen wurden in der Stadt beim Bau des
zweiten Abschnittes verwendet; diese Schiffe mußten daher ebenfalls geschleppt werden.

**) Einem nachträglich gefaßten Beschluß zu Folge sollen 6 der Venezianischen
Hochbordschiffe vor Sabionera Aufstellung nehmen und die dortigen Türkischen Batterien
beschießen, um zu verhüten, daß sie den linken Flügel der Flotte vor San Andrea von
der Flanke her unter Feuer nahmen.   Diese Schiffe wurden bereits in der Nacht von
einem Theil der Päpstlichen und Maltesischen Galeeren auf ihre Plätze geschleppt.

***) „... Anstatt aber, daß man die Beschießung sollte ingeheim halten und der
Feind davon keine Wissenschaft bekommen haben, ist solches wol vier Tage zuvor der
meisten Guarnison, Bürgern und Griechen wissend und damit zugleich dem Feind ver-

liche Flotte mit heftigem Feuer und fügten ihr ſchon jetzt empfindlichen
Schaden zu, da ſowohl Segelſchiffe wie Galeeren während der Zeit, in der
die Segler zum Auffahren gebracht wurden und darauf die Galeeren ſich auf
ihre Plätze begaben, vertheidigungsunfähig waren.   Um 7 Uhr war die Aufſtellung*) beendet.   Sie erſtreckte ſich von dem Fluß Gioffiro bis zum Baſtion
San Andrea und zerfiel in rechten Flügel, Centrum und linken Flügel.   Den
äußerſten rechten Flügel bildeten zunächſt vier Venezianiſche Hochbordſchiffe;**) dann folgten nach links fünf Malteſiſche und Päpſtliche Galeeren,
darauf wieder zwei Venezianiſche Hochbordſchiffe (darunter das Admiralsſchiff)
und links daneben nochmals vier Malteſiſche und Päpſtliche Galeeren.   Dieſer
Theil der ganzen Linie hatte die Aufgabe, theils das Türkiſche Lager in der
Nähe des Fluſſes Gioffiro, theils die von hier zu den Verſchanzungen vor
San Andrea führenden Verbindungen unter Feuer zu halten, um zu verhüten, daß die Türken Verſtärkungen aus dem Lager nach vorn ſchafften.
Weiterhin bildeten das Centrum zunächſt drei Päpſtliche und zwei Malteſiſche
Galeeren (unter ihnen die Flagſchiffe Roſpiglioſis und Accarigis) in ſchach-
brettförmiger Aufſtellung, ſowie je zwei Venezianiſche Galeeren und Hochbordſchiffe.   Ihre Aufgabe war es, die Türkiſchen Verſchanzungen und namentlich
die Batterien durch Flanken- und Rückenfeuer zu beunruhigen.   Sie hatten
daher die Front nicht ganz ſenkrecht zum Lande, ſondern etwas nach Südoſten
gewendet.   Der linke Flügel bildete die Hauptſtellung und war demgemäß
am ſtärkſten.   Er beſtand aus drei Theilen: dem am weiteſten rechts befindlichen von ſechs Galeeren und ſieben Hochbordſchiffen der Franzoſen, dem
mittleren von ſechs Venezianiſchen Galeaſſen, und dem linken von ſieben Fran-
zöſiſchen Galeeren und acht Hochbordſchiffen (darunter die Galeere Vivonnes
und das Schiff des Vizeadmirals de Martel).   Hochbordſchiffe und Galeeren
wechſelten immer miteinander ab, während die Galeaſſen eine Abtheilung für
ſich bildeten.   Dem geſammten linken Flügel fiel die ſchwierige Aufgabe zu,
den Kampf mit den Türkiſchen Strandbatterien aufzunehmen und die Verſchanzungen und Laufgräben vor San Andrea nach Möglichkeit zu ſchädigen
oder zu zerſtören.

Das Zeichen zum Beginn der Beſchießung gab die Päpſtliche „Capitana"
bald nach 7 Uhr, indem ſie eine rothe Kriegsflagge hißte und den erſten
Schuß abfeuerte.   Bald ertönte auf der ganzen Linie der Donner von über
1100 Geſchützen, deren gewaltige Wirkung die Türken bald zum Schweigen

---

rathen worden, welcher ſich dann dazu fein ſtattlich hat ſchiden und gefaſt machen
können.   Ueber das hat man zwey Tage zuvorn bey hellem Tage Galeeren laſſen unter
das Land hergehen, umb zu verſuchen, wie nahe man mit den Schiffen und Galeeren an
das Ufer gelangen könne; da die Türken dann alſo gut und freundlich geweſen, daß ſie
ſolches nicht verwehren wollten ..." (Scheither.)

*) Siehe anliegende Textſkizze.

**) Ihrer Geſchützvertheilung entſprechend lagen die Hochbordſchiffe mit einer Breit-
ſeite nach dem Lande zu, während die Galeeren dem Feinde den Sporn zukehrten.

zwang. Sie zogen ihre Geschütze hinter die Brustwehren zurück, legten sich in ihren tiefen Laufgräben gedeckt auf die Erde nieder und ließen die Kanonade über sich ergehen. Nur eine stärkere Kavallerieabtheilung ritt hinter den Anhöhen zwischen dem Lager am Flusse Gioffiro und den Verschanzungen vor San Andrea hin und her, offenbar zu dem Zweck, um einem Landungsversuch der christlichen Flotte rasch entgegentreten zu können. In der Stadt dagegen athmete Alles auf, denn zum ersten Mal seit langer Zeit schwieg auch das Türkische Feuer gegen die Festungswerke gänzlich, kein Türkenkopf zeigte sich hinter den Laufgräben und Batterien, kein Pfeil, keine Musketenkugel, keine Granate fanden ihren Weg zu den Vertheidigern. Das ganze Volk aus der Stadt und der größte Theil der Besatzung trat auf die Wälle und sah von dort aus dem gewaltigen Schauspiel der Beschießung zu. Diese nahm inzwischen ungestört ihren Fortgang. Da sich aber kein Lüftchen rührte, so lagerte bald ein starker Pulverdampf auf der Meeresfläche, hüllte die Schiffe in einen dichten Schleier und machte ihnen das Zielen fast unmöglich. Trotzdem wurde keine Pause gemacht, sondern, nachdem man Richtung und Höhe ungefähr ermittelt hatte, aufs Gerathewohl weitergefeuert. Gegen 10 Uhr ertönte plötzlich in der Linie der Französischen Schiffe ein furchtbarer Krach, und eins von ihnen flog in die Luft. Es war das Hochbordschiff Thérèse, Kapitän d'Ectot, das mit 58 Geschützen und 293 Mann durch eine Explosion der Pulverkammer gänzlich zertrümmert wurde. Da zu dieser Zeit die Türkischen Geschütze vollkommen schwiegen, so kann keine feindliche Kugel sondern nur eigene Unvorsichtigkeit die Veranlassung zu dem Unglück gegeben haben. Der Rumpf des Schiffes sank sofort, von der ganzen Besatzung konnten nur sieben Mann noch lebend aus dem Wasser aufgefischt werden, alle Anderen, auch der Kapitän, kamen um.*)

Die umherfliegenden Trümmer des Schiffes hatten auch auf verschiedenen anderen Fahrzeugen und namentlich auf der dicht daneben liegenden Galeere Vivonnes großen Schaden angerichtet. Der Admiral selbst wurde in den Schiffsraum zwischen die Rudersklaven hinabgeschleudert und erlitt leichte Verletzungen; von der übrigen Mannschaft war kaum einer unbeschädigt. Auch das Hintertheil der Galeere Vivonnes wurde zum Theil weggerissen, so daß das Schiff Wasser zu schöpfen begann. Der Admiral sah sich daher genöthigt, den Generalissimus zu ersuchen, er möge den Befehl zum Ein-

---

*) Auf der Thérèse befanden sich auch die gesammten Habseligkeiten des Herzogs von Noailles, da er auf diesem Schiffe seine Ueberfahrt nach Candia gemacht hatte. Er verlor über 100 000 Francs an baarem Gelde, sein kostbares Silbergeschirr, sämmtliche Kleidungsstücke u. s. w. Auch die Kriegskasse des Französischen Heeres war bis vor Kurzem auf der Thérèse untergebracht gewesen, der vorsichtige Intendant de la Croix hatte sie aber noch am Tage vorher in die Festung schaffen lassen, so daß sie gerettet wurde. Die Türken mußten von den untergegangenen Schätzen Nachricht bekommen haben, denn sie ließen in den folgenden Tagen mehrfach durch Taucher an der Stelle, wo die Thérèse gesunken war, Bergungsversuche machen, wurden aber durch bewaffnete Barken der Venezianer vertrieben.

stellen der Beschießung geben. Da gleichzeitig auf dem Thurm der St. Mar-
tinskirche in der Stadt eine blau-weiße Fahne erschien, zum Zeichen daß die
Garnison bereit stehe, den verabredeten Ausfall bei S. Andrea zu machen,
so entschloß sich Rospigliosi um so lieber zum Rückzuge, als die Munition
bereits anfing knapp zu werden, und ein größerer Erfolg doch nicht mehr zu
erwarten war.

Aber als es sich nunmehr darum handelte, die Flotte wieder außer
Schußweite vom Feinde zu bringen, trat der schwierigste Augenblick der ganzen
Unternehmung ein. Die Hochbordschiffe und Galeassen mußten nämlich von
den Galeeren wieder ins Schlepptau genommen und zurückgeführt werden,
eine Aufgabe, die durch einen inzwischen aufgekommenen landeinwärts wehenden
Wind noch sehr erschwert wurde. Die Türken benutzten diese Zeit, während
deren die christliche Flotte kampfunfähig war und sich in einer gewissen Unordnung befand, um aus ihren Verstecken hervorzukommen, ihre Geschütze und
Musketen auf den wirren Knäuel von Schiffen zu richten und aus allen
Kräften hinein zu feuern. Erst jetzt erlitt die Flotte ernstliche Verluste,
die um so empfindlicher waren, als man die Unvorsichtigkeit begangen hatte,
die Beschießung nicht nach und nach, sondern mit einem Mal abzubrechen.
Schließlich mußte man froh sein, ohne den Verlust noch eines anderen Fahr-
zeuges außer Schußweite der Türkischen Batterien zu gelangen. Still und
ohne Aufenthalt kehrten alle Schiffe auf ihre alten Plätze zurück.

Ueber die Verluste der christlichen Flotte während der Beschießung sind
zuverlässige Nachrichten nur bezüglich der sechs Venezianischen Galeassen und
der Französischen Schiffe erhalten. Sie betrugen für die ersten: 28 Todte
und 56 Verwundete, und für die Franzosen 421 Todte*) und 219 Verwundete. Auch für die meisten übrigen Fahrzeuge dürften sich die Zahlen
durchschnittlich nur wenig niedriger stellen. Beträchtlich waren ferner die
Beschädigungen der Schiffe selbst, von denen die meisten einen großen Theil
ihrer Masten, Raaen, Ruder u. s. w. verloren hatten und fast jedes von
mehreren Vollkugeln oder Granaten getroffen war. Umgekehrt war der thatsächliche Erfolg der ganzen Unternehmung im Verhältniß zu der Größe der
angewandten Mittel äußerst gering. Zwar sollten die Türken nach Aussage
von Ueberläufern über 1200 Mann verloren haben, doch ist diese Zahl augen-
scheinlich viel zu hoch gegriffen. Die Werke selbst und die Türkischen Geschütze hatten jedenfalls so gut wie gar nicht gelitten, vielmehr sollen die
Geschosse der christlichen Flotte fast alle zu hoch gegangen sein. Noch schlimmer
aber war der Umstand, daß auch der moralische Eindruck der ganzen Unternehmung weit mehr zu Gunsten der Türken als der Christen sprach. Auf
der zahlreichen und wohl gerüsteten Flotte hatte die größte und letzte Hoffnung der Vertheidiger Candias beruht. Jetzt war die einzige Unternehmung,
zu der man sie gegenüber den Türkischen Belagerern verwenden konnte

---

*) Hierin sind die mit der „Thérèse" untergegangenen 286 Mann enthalten.

ober wollte, völlig gescheitert, und als Ergebniß blieb nur die Ge-
wißheit, daß auch die Ueberlegenheit zur See auf Seiten der Christen den
endlichen Fall der Festung nicht mehr aufzuhalten vermöge. Umgekehrt
schöpften die Türken aus dem Mißlingen der Beschießung von Neuem die
Ueberzeugung, daß ihr Sieg nur noch eine Frage der Zeit sein könne.

Auch der Ausfall bei San Andrea hatte infolge der Uneinigkeit und des
Mißtrauens der Theilnehmer keinen Erfolg. Nach der getroffenen Verabredung sollte er gemeinsam von je 1200 Mann Franzosen und Venezianischen
Söldnern unternommen werden. Als aber der Augenblick dazu herangekommen war, weigerte sich der Herzog von Noailles, die versprochene Zahl
von Mannschaften zu stellen unter dem Vorgeben, daß auch die Venezianer
jedenfalls ihren Verpflichtungen in dieser Beziehung nicht nachkommen würden.
Infolgedessen wäre das ganze Unternehmen gescheitert, wenn nicht die Braunschweigisch-Lüneburgischen Regimenter sich erboten hätten, 150 Freiwillige unter
dem Befehl des Oberstlieutenants v. Ploetz und der Hauptleute Heise und
Meisenbusch zu stellen, worauf denn Noailles ebensoviel Franzosen unter dem
maréchal de camp Colbert hergab. Als nun die Flotte die Beschießung
beendet hatte, ließ man zunächst gleichzeitig drei vorbereitete Minen springen,
um die Türken einzuschüchtern, und dann brachen beide Abtheilungen aus
dem Graben vor. Aber der an dieser Stelle persönlich kommandirende Großvezir war auf ein solches Unternehmen der Belagerten vorbereitet gewesen
und hatte 6000 Janitscharen bereit gestellt, die die Ausfallenden mit einem
Hagel von Geschossen empfingen. Trotzdem gelang es den braven Braun-
schweigischen Truppen, mehrere Verschanzungen zu erstürmen und sich sogar
eine Weile darin zu behaupten, schließlich aber wurden sie doch von der feindlichen Uebermacht unter den größten Verlusten wieder in die Festung hinein-
geworfen. Ueber 100 Deutsche blieben todt, darunter der Oberstlieutenant
v. Ploetz, und auch von den Ueberlebenden kehrten nur sechs unverletzt in die
Stadt zurück. Die Franzosen dagegen hatten es vorgezogen, schon vor der
ersten feindlichen Batterie Kehrt zu machen und ihre Deutschen Kameraden im
Stich zu lassen; ihre Verluste waren daher unbedeutend.

Das Mißlingen der beiden Unternehmungen vom 24. Juli hatte neben
der allgemeinen Niedergeschlagenheit auf Seiten der Christen auch noch ein
Wiederaufleben der zwischen den Französischen und Venezianischen Führern
bereits bestehenden Mißhelligkeiten, die seit dem Erscheinen des Generalissimus
etwas nachgelassen hatten, zur Folge. Die tiefgehende Verstimmung, die sich
der Franzosen nach ihrem unglücklichen Ausfall am 25. Juni bemächtigt hatte,
wandte sich vornehmlich gegen den Generalkapitän Morosini. Man warf
ihm vor, daß er falsche weil allzugünstige Nachrichten über den Zustand der
Festung in Europa verbreitet und dadurch am Hofe von Paris den Glauben
erweckt habe, es sei der belagerten Festung noch zu helfen. Thatsächlich aber

hätten die Venezianer selbst schon jede Hoffnung auf Rettung aufgegeben. Aus diesem Grunde wären auch alle Anstrengungen der Hülfskräfte außer Stande, den schließlichen Ausgang der Sache länger als auf kurze Zeit hinaus-zuschieben.   Demgegenüber behauptete Morosini, er habe stets die volle Wahrheit über den traurigen Stand der Dinge nach Benedig berichtet. Er verzweifele aber durchaus noch nicht daran, den Platz bis zum Winter zu halten, wenn nur überall der feste Wille dazu vorhanden und Jedermann rückhaltlos mitzuwirken bereit sei.   Gelinge es, ungefährdet bis in den Winter hineinzukommen, so sei Aussicht auf weitere Rettung.   Denn auch bei den Türken dränge die Lage zu einer Entscheidung.   Die Janitscharen, überdrüssig der langen, blutigen und mühsamen Belagerung, drohten mit offener Empörung, und der Sultan habe geschworen, dem Großvezir den Kopf abschlagen zu lassen, wenn er Canbia bis zum Winter nicht einnehme.

So viel Richtiges und Zutreffendes diese Gründe des Generalkapitäns auch enthielten, so wenig waren die Franzosen geneigt, sie gelten zu lassen. Es wurde vielmehr von Tag zu Tag klarer, daß ihr ganzes Bestreben darauf hinauslief, sich der übernommenen Verpflichtung sobald wie möglich zu entziehen.   Die Gegensätze in den Anschauungen und Wünschen auf beiden Seiten traten schon bald nach der verunglückten Unternehmung vom 24. Juli offen hervor.   Sie zeigten sich namentlich in dem Verhalten der französischen Führer.   So ließ der Graf von Vivonne gleich nach der Beschießung fast seine ganze Flotte in verschiedene Buchten und Häfen der Insel Canbia sich ver-theilen unter dem Vorgeben, die Luft bei Canbia sei zu ungesund.   Ferner verlangten die französischen Führer bei den häufigen Streitigkeiten zwischen den Mannschaften der verschiedenen Nationen an Land stets die Bestrafung der Gegenpartei ohne Untersuchung.   Auch forderten sie den Generalkapitän auf, indem sie sich auf einen angeblichen Befehl des Königs Ludwig XIV. beriefen, ihnen sämmtliche auf Venezianischen Schiffen dienenden Seeleute oder Soldaten Französischer Herkunft auszuliefern, da der König nicht wünsche, daß seine Unterthanen fremde Dienste nähmen.

Ende Juli hielt es Rospigliosi für seine Pflicht als Oberbefehlshaber, theils um die allgemeine Mißstimmung zu bekämpfen, theils um den ewigen Zwistigkeiten zwischen Franzosen und Venezianern wenigstens zeitweise ein Ende zu machen, wiederum eine gemeinsame Unternehmung aller vorhandenen christlichen Streitkräfte in Anregung zu bringen.   Er schlug daher vor, sobald wie möglich einen Kriegsrath nach Canbia zu berufen und hierbei die nächsten Verhaltungsmaßregeln festzusetzen.   Nach mehrfachen Verhandlungen wurde auch eine Berathung auf den 31. Juli vereinbart, als sich aber am Tage vorher die Führer der drei Flotten gemeinsam in die Stadt begeben wollten, ließ Vivonne melden: eine heftige Kolik, die ihn plötzlich befallen habe, zwinge ihn auf seinem Schiff zu bleiben.   Hierdurch wurde der ganze Kriegsrath überflüssig, denn es wäre Niemand zugegen gewesen, der die Verfügung über die Streitkräfte der Franzosen zu See gehabt hätte.   Es handelte sich aber

gerade wesentlich darum, festzusetzen, wieviel Mannschaften die Französische
Flotte zu einer Unternehmung am Lande stellen könne und solle. Unter
diesen Verhältnissen gaben Rospigliosi und Accarigi ebenfalls ihre Fahrt nach
Candia auf, sandten aber Bevollmächtigte in die Stadt, die sie vertreten
sollten, falls dennoch ein Kriegsrath zu Stande käme. Rospigliosi hatte hierfür
seinen maestro di campo Brancacci bestimmt. Als dieser am 30. Juli
Abends in Candia eintraf, begab er sich zunächst zu Morosini und bewog
ihn, den Kriegsrath auf den Nachmittag des folgenden Tages festzusetzen.
Sodann suchte er den Herzog von Noailles auf und bat ihn im Auftrage
Rospigliosis, an der Berathung theilzunehmen. Der Herzog sagte auch
zu, bemerkte aber in der weiteren Unterredung, seiner Ansicht nach thäten die
Venezianer gut, mit den Türken Frieden zu schließen. Candia sei doch nicht
mehr zu halten, namentlich wenn die Franzosen die Stadt verlassen hätten,
wozu sie durch die Befehle ihres Königs binnen Kurzem sich gezwungen
sähen.*)

Die Berathung fand denn auch in der That am 31. Juli in der
Wohnung des Herzogs statt und nahm einen zum Theil recht stürmischen
Verlauf. Anwesend waren außer dem Herzog von Noailles: der Generalkapitän, die Bevollmächtigten der drei Admirale, die Generale Montbrun
und Battaglia, der Französische Intendant de la Croix, sowie der Oberst
de la Tour, Kommandeur der Maltesischen Truppen in Candia.

Zunächst setzte Brancacci als Vertreter des Generalissimus auseinander,
wie es der heißeste Wunsch des heiligen Vaters sei, Candia um jeden Preis
vor der Wuth der Ungläubigen zu retten. Die vor Kurzem erfolgte Beschießung durch die Flotte habe dargethan, daß den Türken von der See aus
nicht beizukommen sei. Der Generalissimus habe ihn daher beauftragt, ein
gemeinsames Unternehmen zu Lande in Anregung zu bringen, sei es, daß
man den Türken eine Schlacht im freien Felde liefere, sei es, daß ein allgemeiner Ausfall gegen die Belagerungsarbeiten gemacht werde. In jedem
Falle erbiete sich der Päpstliche Admiral gemeinsam mit den Maltesern ein
Landungskorps von 500 Seesoldaten aufzustellen. Bezüglich der Entscheidung,
was damit zu geschehen habe, wolle er sich indeß ganz der Einsicht des
Herzogs von Noailles unterordnen.

Hierauf erklärte sich Morosini ebenfalls zu Allem bereit, was die
Französischen Führer für das Beste hielten, vorausgesetzt, daß überhaupt
etwas geschähe. Auf die Frage Brancaccis, wieviel Truppen die Venezianer
dabei stellen würden, erwiderte der Generalkapitän: im günstigsten Falle
3000 Mann. Diese Antwort gab den Anlaß zu einem heftigen Ausfall der
Franzosen gegen die Venezianer, und zwar führte hierbei das Wort nicht
der Herzog von Noailles sondern der Intendant de la Croix, ein Mann,

---

*) Hier erscheint zum ersten Mal auf Französischer Seite die Angabe, der König
Ludwig XIV. habe die vorzeitige Rückkehr seiner Truppen und Schiffe selbst befohlen,
— eine Angelegenheit, die weiterhin einer genaueren Untersuchung unterzogen werden wird.

der überhaupt zu den eifrigsten Verfechtern einer baldigen Heimkehr der
Franzosen zählte und, wie es scheint, einen großen Einfluß auf Noailles
ausübte. Er warf Morosini Unwahrheit und Wortbrüchigkeit vor; man
habe die Franzosen über den Zustand der Festung getäuscht, sie bei ihrem
Ausfall am 24. Juni völlig im Stiche gelassen, und wenn die Venezianer
jetzt versicherten, 3000 Mann zu dem geplanten Unternehmen stellen zu wollen,
so könne sich Niemand auf ihr Versprechen verlassen. Es gelang Morosini
zwar, sich zu rechtfertigen und durch seine Ruhe und Mäßigung dem Streit
ein Ende zu machen, als aber nun Brancacci den Herzog von Noailles
aufforderte, seinerseits die Zahl der Truppen zu nennen, die er zu der
geplanten Unternehmung stellen würde, lehnte der General eine Beantwortung
dieser Frage entschieden ab. Er gab als Grund seiner Weigerung an, die
Verluste der Franzosen durch Gefechte und Krankheiten seien schon so groß,
daß er die wenigen Ueberlebenden nicht mehr ohne Aussicht auf Erfolg aufs
Spiel setzen dürfe. Verstärkungen aus Frankreich habe er aber nicht erhalten
und auch nicht zu erwarten, weil der Senat von Venedig durch seinen
Gesandten in Paris dem Könige Ludwig habe versichern lassen, in Candia
stünden 14 000 Mann Infanterie, und die Fürsten von Deutschland, Italien
und der König von Spanien hätten bedeutende Unterstützungen zugesagt.
Diese falsche Angabe sei die Veranlassung für König Ludwig gewesen, eine
Armee und eine Flotte nach Candia zu schicken, weil er geglaubt habe, der
Festung könne überhaupt noch geholfen werden. Da aber alle anderen
Mächte ihre Zusagen und Verpflichtungen nicht erfüllt hätten, so sehe er
(Noailles) nicht ein, warum Frankreich allein nutzlos Opfer bringen solle.*)
    Infolge dieser Erklärungen mußte die weitere Berathung über eine
Schlacht im freien Felde oder einen allgemeinen Ausfall abgebrochen werden.
Brancacci ersuchte nun den Herzog, mit seinen Truppen, die in der letzten
Zeit fast gar keinen Dienst mehr gethan, wenigstens bei der Vertheidigung
des Abschnittes von San Andrea zu helfen. Aber auch dies wies Noailles
zurück, indem er sagte, er habe schon mehr als genug für die Festung gethan.
    Um nichts unversucht zu lassen, stellte schließlich Brancacci noch zur
Erwägung, ob nicht mit der Flotte etwas unternommen werden könne.
Hierauf erwiderte jedoch Noailles kurz, das sei Sache des Grafen von
Vivonne. Und der Bevollmächtigte Vivonnes erklärte seinerseits, der Französische Admiral habe es ein für allemal abgelehnt, sich mit seinen Schiffen an
irgend einem Unternehmen zu betheiligen. Der Generalkapitän beantragte
nun noch, daß das Ergebniß der Berathung schriftlich niedergelegt würde,
damit er sich dem Senat von Venedig gegenüber verantworten könnte. Aber

---

*) Es hat in der That den Anschein, als ob der Venezianische Gesandte in Paris,
auch ein Morosini, die Zustände in Candia in zu rosigem Lichte geschildert habe. Indessen ist doch schwer einzusehen, inwiefern dieser Umstand den Herzog von Noailles von der
Verpflichtung entlastete, den Befehl des Königs, nach Kräften zur Rettung der belagerten
Festung beizutragen, auszuführen.

die Franzosen weigerten sich dessen auf das Entschiedenste, indem sie vorgaben, es sei in Frankreich nicht Brauch, Protokolle über eine solche Verhandlung aufzunehmen.*) So trennten sich denn die Theilnehmer des Kriegsrathes, der über fünf Stunden gedauert hatte. Brancacci begab sich unverzüglich zu Rospigliosi zurück und berichtete diesem über den Verlauf der Verhandlungen. Kaum hatte er geendet, so erschien bereits ein Bote mit einem Briefe des Herzogs von Noailles, worin dieser Aufklärungen über sein Verhalten zu geben suchte und dem Generalissimus vorschlug, sobald wie möglich mit ihm, mit Accarigi und dem Grafen von Vivonne auf einem Französischen Schiffe zusammenzukommen, um sich darüber zu entscheiden, ob überhaupt durch die Hülfskräfte noch etwas zur Rettung Candias geschehen könne. Rospigliosi erklärte sich hierzu bereit doch nur unter der Bedingung, daß auch der Generalkapitän bei der Berathung hinzugezogen werde. Das aber war es gerade, was Noailles vermeiden wollte, weil er hoffte, den Päpstlichen und den Maltesischen Admiral für seine Pläne zu gewinnen, wenn er mit ihnen allein verhandele. Er erwiderte daher, es scheine ihm doch besser, die Unter-redung zu verschieben, bis der Herzog von Mirandola,**) der mit Ver-stärkungen aus Venedig binnen Kurzem erwartet werde, eingetroffen sei.

So vergingen weitere zehn Tage, ohne daß etwas geschah. Die Flotte lag bei der Insel Stantia, die Mehrzahl der Französischen Truppen hielt sich müßig in der Stadt auf und verübte dort allerlei Unfug, während die Türken mit ihren Laufgräben und Minengängen immer näher rückten. Schon war der erste Abschnitt bei San Andrea ganz in ihrem Besitz, bei Sabionera wurde die Bresche immer größer, auch drangen sie hier längs des Meeres bis zu den Arsenalen vor und drohten so den Hafen gänzlich abzusperren. Es ließ sich daher mit Bestimmtheit voraussehen, daß ohne entschiedene Hülfe die Festung in kürzester Zeit fallen müsse. Der Eindruck, den dies auf die ganze Besatzung und Bevölkerung hervorbrachte, war äußerst niederschlagend. Die Desertion unter den Venezianischen Truppen nahm in erschreckendem Maße zu, wobei die Franzosen den Ausreißern auf ihren Schiffen Unterkunft gewährt haben sollen. Wenigstens beklagte sich Morosini bitter hierüber bei Rospigliosi und fügte hinzu, das Uebelwollen der Franzosen zeige sich auch darin, daß sie unter dem Vorwand, ihre Kranken und Verwundeten auf die Schiffe zu bringen, jede Nacht eine große Zahl Gesunder mit sich nähmen, um so unbemerkt die Französische Garnison allmählich aus der Stadt heraus-zuschaffen.

---

*) Bei dem Kriegsrath am 10. Juli, auf dem die Beschießung der Türkischen Ver-schanzungen vor San Andrea durch die Flotte beschlossen wurde, hatten sie anstandslos unterschrieben.

**) Der Herzog von Mirandola stand im Dienste des Papstes und brachte etwa 2000 Mann Söldner, die theils von Clemens IX., theils von den Herzögen von Parma, Mantua und Modena der Republik zu Hülfe gesandt waren. Er hatte Venedig bereits Mitte Juli verlassen und befand sich mit seinem Transport am 1. August in Zante.

Seit Anfang August war eine furchtbare Hitze eingetreten, die die Kräfte bei Angreifern und Vertheidigern lähmte. Nur wenige Stunden am Abend und Morgen konnte gearbeitet werden, auch verursachte die Sonnengluth zahlreiche Fiebererkrankungen in der Stadt und auf der Flotte, die meistens tödtlich verliefen. Auf den Französischen Schiffen z. B. betrugen die Verluste Mitte August über ein Drittel des Mannschaftsstandes, wie sich aus Anlage 11 ergiebt. Am 11. August erschien ein Abgesandter Vivonnes bei Morosini und ersuchte diesen, er möchte dem Französischen Admiral die sechs Venezianischen Galeassen zu einer Unternehmung gegen die bei Rettimo und Canea zu Schiff anlangenden Türkischen Verstärkungen mitgeben. Morosini hielt dies jedoch für eine Finte Vivonnes, um unter Geleit der Galeassen sicher bis Cerigo zu kommen und dann auf und davon in die Heimath zu fahren. Er antwortete daher ablehnend. Nunmehr traten die Französischen Führer mit ihrer Absicht, sich bald in Sicherheit zu bringen, offen hervor. Sie behaupteten, einen Befehl des Königs Ludwig zur schleunigen Rückkehr zu haben. Da diese Angabe in der Folge mehrfach wiederholt wurde und schließlich den einzigen Entschuldigungsgrund für die Abreise der Franzosen gebildet hat, so bedarf sie hier einer Untersuchung und Klarlegung. Es findet sich in dem ausgedehnten Schriftwechsel zwischen den Höfen von Paris, Rom und Venedig an keiner Stelle eine Hindeutung, die im Sinne einer frühzeitigen Heimkehr der Französischen Streitkräfte aus Candia zu deuten wäre. Denn auch die Schlußworte in dem Briefe des Ministers Lionne an den Kardinal-Staatssekretär in Rom vom 11. Januar 1669:*) „qui y serviront six mois entiers, s'il est nécessaire, qu'ils demeurent tout ce temps là" — können wohl selbst bei der gewaltsamsten Auslegung kaum als eine Erlaubniß dazu gelten. Eher wäre dies schon der Fall bezüglich des Schlußsatzes in der dem Herzog von Beaufort mitgegebenen Instruktion:**)

„Sa Majesté a ordonné d'ajouter à l'instruction de l'autre part, qu'en cas, qu'après que le sieur duc de Nouailles aura reconnu l'état auquel sera la place de Candie lorsque l'armée de Sa Majesté y arrivera, il estimerait, qu'elle ne fût plus en état d'être secourue et qu'il fût d'avis de reporter les troupes en France, Sa Majesté veut, qu'en cela le dit sieur duc de Beaufort suive l'avis du dit sieur duc de Nouailles et qu'il reprenne la route de France avec toutes les troupes, qui seront sur les vaisseaux."

Diese Wendung bezweckt aber offenbar nur, dem Herzog von Nouailles anstatt Beaufort die Entscheidung darüber zu übertragen, wann der Zeitpunkt zur Abreise gekommen sei, sicherlich aber doch nur in der Voraussetzung, daß diese Entscheidung dem Sinne und der Absicht des Königs bei der ganzen Unternehmung entspräche. Daß aber

*) Vergl. S. 166 nebst Anmerkung.
**) Siehe Anlage 6.

Ludwig XIV. von vornherein die Anwesenheit seiner Streitkräfte in Candia mindestens bis zum Herbst des Jahres 1669 wünschte, ergiebt sich aus zahlreichen Aeußerungen in dem brieflichen Verkehr zwischen den maßgebenden Persönlichkeiten. So schrieb schon am 15. Juni der Kardinal-Staatssekretär aus Rom an den Päpstlichen Generalissimus: „Der hiesige Venezianische Gesandte hat Seiner Heiligkeit angezeigt, der König von Frankreich habe seine Generale bei Candia angewiesen, bis zum Oktober dort zu verbleiben. Er bat um einen gleichen Befehl für unsere Flotte. Der Papst hat ihm indeß erwidert: es sei selbstverständlich, daß die unter Ihrem Befehl stehenden Galeeren nicht vor den anderen zurückkehren würden ..."

Am 17. August theilte der Nuntius Trotti aus Venedig in einem chiffrirten Schreiben Folgendes mit: „... Der Courier aus Paris ist zurück. König Ludwig lehnt es zwar ab, jetzt gleich noch eine zweite Truppen-abtheilung nach Candia zu schicken, da er selbst von zu zahlreichen Feinden umgeben sei, er habe aber dem Herzog von Beaufort befohlen, so lange dort zu bleiben, bis Alles zurückerobert oder ein ehrenvoller Friede geschlossen wäre. Ueber diese Antwort ist man hier sehr erfreut, denn man hatte gefürchtet, der König würde zwar noch mehr Truppen nach Candia senden, dafür aber versuchen, die Freiheit der Republik oder ihren sonstigen Besitz zu bedrohen."

Noch deutlicher sprechen folgende Stellen aus dem Briefwechsel zwischen den Höfen von Rom und Paris: Am 31. August 1669 schrieb Lionne aus St. Germain an den Kardinal-Staatssekretär: „Der König, der stets die Rücksicht auf Seine Heiligkeit im Auge behält, läßt nicht nach in seinem Eifer, dieses Bollwerk der Christenheit zu retten, sei es, daß er fortfährt, wenn nöthig, den Rest seiner Armee dort zu opfern, sei es, indem er schon jetzt daran denkt, selbst wenn die Truppen ganz zu Grunde gegangen wären, andere, sowie einen neuen Führer mit Beginn des Winters an ihre Stelle zu setzen ..."

In der That fand in Paris in den ersten Tagen des September, nach-dem die Nachricht über das Mißlingen des Ausfalls der Französischen Truppen vom 25. Juni angekommen war, ein Ministerrath statt, worin beschlossen wurde, die jetzt in Candia befindlichen Streitkräfte bis Ende November dort zu belassen und dann durch neue Truppen unter dem Marschall von Bellefont*) zu ersetzen. Dieser Beschluß ergiebt sich aus mehrfachen Meldungen der Nuntien in Paris und Venedig nach Rom und vor Allem aus zwei Briefen, die der König selbst und sein Minister Lionne nach Rom richteten, als bereits die Rückkehr der Französischen Armee und Flotte aus Candia bekannt ge-worden war. Am 23. September nämlich schrieb Ludwig XIV. aus Cham-bord eigenhändig an den Papst:

„Très Saint-Père! Vostre Sainteté aura déjà pù sçavoir par les depesches de son nonce le sensible deplaisir, que j'eus en re-

*) Bellefont sollte ebenfalls als in Diensten des Papstes stehend angesehen werden.

cevant la nouvelle du retour imprevûe des troupes, que j'avois,
envoyées en Candie et la résolution, que je pris à l'instant de
joindre à celles que doit conduire le maréchal de Bellefont un renfort
très considerable . . . .")

Am 28. September endlich schrieb Lionne an den Kardinal-Staatssekretär:
„. . . . Seit zehn Jahren hat Seine Majestät kein so tiefgehendes Miß-
vergnügen empfunden als dasjenige, das ihm die so überraschende
Nachricht von der Rückkehr der Streitkräfte zu Land und zur See in die
Häfen der Provence verursacht hat, da er gerade einen neuen Befehl an den
Herrn von Noailles abgesandt hatte, bis zum 20. November in der belagerten
Festung zu verbleiben.*) Der Herzog besitzt indessen so viel Verstand und
Eifer für die Religion und hat sich außerdem so viel Achtung durch seine
Tapferkeit erworben, daß man glauben muß, er wird Seiner Majestät gute
Gründe anführen können, um zu beweisen, daß er nicht anders hat handeln
können, wie er gethan, und sollte er es nicht können, so zweifele ich nicht,
daß Seine Majestät ihm ein außergewöhnliches Mißfallen darüber bezeigen
wird . . ."**) Auch in den Berichten und Briefen des Intendanten de la Croix
nach Paris finden sich zwar mancherlei Klagen über die Schwäche und
Lässigkeit der Venezianer, aber keine Hindeutung auf einen Befehl zur
Rückkehr.

Nun ließe sich noch annehmen, daß am Hofe zu Paris zwar öffentlich
die frühzeitige Rückkehr aus Candia gemißbilligt, insgeheim dagegen den
Führern Befehle mitgegeben oder übersandt worden seien, die sie zu ihrem
Verhalten berechtigten. Allein hiergegen sprechen triftige Gründe politischer
Natur. Eine der Hauptursachen für die Entsendung der Französischen Streitkräfte nach Candia war nämlich der Wunsch Ludwigs XIV., dafür den Herzog
d'Albret vom Papste zum Kardinal ernannt zu sehen.***) Clemens IX. hatte
sich auch nach einigem Sträuben dazu bereit finden lassen, freilich erst, nachdem die Französische Armee und Flotte bereits ihre Fahrt nach Candia angetreten hatten. Kaum war indeß die Ernennung erfolgt, so kam Lionne schon
wieder mit der Bitte, auch noch dem Bischofe von Laon den Kardinalshut
zu verleihen. Der Grund hierfür lag in dem Wunsche des Königs, durch
diese ihm ganz ergebenen Prälaten entscheidenden Einfluß bei der nächsten
Papstwahl zu gewinnen, die bei dem sehr schwankenden Gesundheitszustande
des Papstes vielleicht nahe bevorstand. Wenn es dabei auch nicht gelang,
die Wahl eines Franzosen durchzusetzen, so hoffte Ludwig XIV. doch,
wenigstens einen von ihm abhängigen Kardinal auf den Stuhl Petri zu
bringen, um so, wie er bereits die militärische und politische Vorherrschaft in
Europa besaß, nun auch in kirchlichen Dingen die Fäden in die Hand zu

---

*) . . . . lorsqu'elle venoit d'envoyer un nouvel ordre à Mr. de Nouailles, de
demeurer dans la place assiégée jusqu'au 20me de novembre . . ."
**) Dies ist in der That geschehen. Vergl. S. 198.
***) Vergl. die Anmerkung zu S. 165.

bekommen. In Rom durchschaute man sehr wohl die ehrgeizigen Pläne des Französischen Kabinets und weigerte sich daher zunächst rundweg, den Bischof von Laon in das Kardinalskollegium aufzunehmen. Erst später, als man erkannte, daß sich hiermit wieder ein günstiger Handel um die Französische Unterstützung Candias treiben ließe, zeigte man sich geneigter. Die Ernennung des Bischofs zum Kardinal wurde indeß geschickt immer wieder hinausgeschoben und verzögert, so daß dem Könige, wenn er seinen Wunsch erfüllt sehen wollte, schließlich nichts übrig blieb, als sich der Venezianer ernstlich anzunehmen. Daraus erklärt sich auch sein Unwille, als durch die vorzeitige Rückkehr der Armee und Flotte aus Candia der Fall der Festung herbeigeführt wurde. Denn von diesem Augenblick an war in Rom von der Ernennung des Bischofs von Laon zum Kardinal nicht mehr die Rede, und der König mußte seine Pläne bezüglich der Papstwahl einstweilen fallen lassen.

Der traurige Zustand der Dinge in Candia, dessen Vertheidiger durch Zwiespalt und Thatenlosigkeit die Festung ihrem Untergang immer näher führten, veranlaßte endlich Rospigliosi, nochmals den Versuch zu einer gemeinsamen Unternehmung zu machen. Leider aber war er nicht der Mann, um die widerstrebenden Elemente mit fester Hand zur Einigung zu zwingen. Anstatt sich selbst in die Stadt zu begeben und dort das Kommando zu übernehmen, wozu ihn seine Stellung als Generalissimus berechtigt und verpflichtet hätte, blieb er ruhig auf seiner Galeere bei der Insel Stantia und beschränkte sich auf einen lebhaften schriftlichen Verkehr mit den Venezianischen und Französischen Führern. Entsprechend seiner Unlust, irgend eine Verantwortung zu übernehmen, wollte er wieder einmal einen allgemeinen Kriegsrath zusammenberufen, auf dem ein Beschluß zu einer gemeinsamen Unternehmung gefaßt werden sollte. Die Franzosen wußten indeß unter allerlei Vorwänden die Zusammenkunft zu vereiteln. Sie zogen immer mehr Truppen aus der Stadt auf die Schiffe, und endlich ließ der Herzog von Noailles am 16. August dem Generalkapitän eröffnen, die Französische Flotte werde in fünf Tagen absahren. Vergebens begab sich Morosini persönlich mit seinen sämmtlichen Generalen zu dem Herzog und bat ihn, wenigstens so lange zu bleiben, bis der Herzog von Mirandola mit den erwarteten Verstärkungen*) eingetroffen sei. Noailles lehnte entschieden ab, ja er theilte am anderen Tage dem Venezianer mit, die Französischen Truppen würden schon am 19. oder 20. August die Stadt völlig räumen.

Als sich die Nachricht hiervon in der Stadt verbreitete, gerieth Alles in die äußerste Bestürzung. Die ganze Einwohnerschaft, an der Spitze der Magistrat und die Geistlichkeit, begaben sich in feierlicher Prozession zu dem Herzog von Noailles und flehten ihn fußfällig an, sie nicht in die Hände der

---

*) Vergl. S. 189.

Türken gerathen zu lassen. Allein Noailles blieb ungerührt und führte in der That am 20. August seine Truppen aus der Stadt auf die Flotte. Dies geschah mit solcher Hast und Unordnung, daß die Leute in dem Bestreben, zuerst in die Boote zu kommen, sich gegenseitig in das Wasser stießen, wobei 60 Mann ertranken. Jetzt endlich, nachdem jede thätige Mitwirkung ihrerseits ausgeschlossen war, ließen sich die Französischen Führer herbei, an dem von Rospigliosi geplanten Kriegsrath theilzunehmen. Am Abend des 21. August versammelten sich hierzu in der Wohnung des Herzogs von Noailles: Rospigliosi, Morosini, Accarigi, Montbrun, die Venezianischen Generale Battaglia, Cornaro, Graf Sparr, Grimaldi und Graf Kielmannsegg, sowie der Intendant de la Croix. Bivonne hatte es vorgezogen, fern zu bleiben; er schickte auch keinen Stellvertreter.

Es kam im Laufe der Besprechungen wieder zu heftigen Zusammenstößen zwischen den Venezianern und Franzosen. Mit Mühe gelang es dem Generalissimus, Gewaltthätigkeiten zu verhüten. Die Franzosen lehnten rundweg jede Theilnahme an der weiteren Vertheidigung Candias ab und unterzeichneten auch nicht das Schlußprotokoll. In diesem hieß es zuletzt nach der Erklärung, daß eine gemeinsame Unternehmung nicht zu Stande gekommen sei: „ . . . So sprachen denn Alle übereinstimmend ihre Ansicht dahin aus, es gebe kein menschliches Mittel mehr, um die Festung mit der jetzigen Garnison und in dem jetzigen Zustande zu retten. Man könne vielmehr nur versuchen, sich so lange wie möglich zu halten und inzwischen Gott zu bitten, daß er mit denjenigen Mitteln zu Hülfe kommen möge, die seiner göttlichen Vorsehung zum Heile der Christenheit nicht fehlen werden . . ."

Das Ergebniß des Kriegsrathes war bereits am anderen Tage in der Stadt bekannt und führte sofort weitere schlimme Folgen herbei. Ein Theil der Söldner und der noch in der Festung befindlichen Hülfstruppen rottete sich zusammen und verlangte nach Hause geführt zu werden. Aber es gelang Morosini, dessen Umsicht und Thatkraft in diesen letzten Tagen sich noch einmal im glänzendsten Lichte zeigten, die Leute wieder zu ihrer Pflicht zurückzuführen. Ueberall, wo es Unruhen gab, war er sofort zur Stelle, stiftete Ordnung und feuerte die Mannschaften zu erhöhter Thätigkeit und Ausdauer an. Wie nöthig diese war, zeigte sich schon am 24. August. Die Türken hatten das Abrücken der Franzosen aus der Festung erfahren und benutzten diesen Umstand zu einem gewaltigen Sturm auf die beiden Endbastionen. Sie wählten hierzu die Tageszeit, in der die Garnison zu Mittag zu essen pflegte. Morosini hatte indeß durch Ueberläufer von der Absicht des Feindes gehört und Alles zu seinem Empfang vorbereitet. Die Truppen speisten eine Stunde früher als sonst, und er selbst ließ zur gewöhnlichen Zeit sein Trompeterkorps vor seiner Wohnung blasen, als ob er zu Tisch säße. Um 2 Uhr erfolgte der Sturm der Türken gleichzeitig bei Sabionera und San Andrea, und zwar mit großer Gewalt und bedeutenden Kräften. Bei San Andrea verließen zwar die Italienischen Söldner, die an Stelle der Franzosen ge-

treten waren, ihren Poften, aber der Tapferteit der Braunfchweiger*) und
der in Referve ftehenden Bayerifchen Musketiere gelang es auch diesmal, hier
die Gefahr abzuwenden. Mit ihnen kämpfte Morofini felbft mit Säbel und
Piftole; er fchien den Tod zu fuchen, doch diefer verfchonte den Tapferen.
An der Sabionera, wo der General Battaglia befehligte, hatten die Türken
fchon vier Halbmondsfahnen auf der Brefche aufgepflanzt, fie wurden aber
wieder heruntergefchoffen oder von den Vertheidigern erobert. Ueber eine
Stunde dauerte an beiden Baftionen der Kampf, an dem fich auch die Einwohner der Stadt betheiligten. Trotz ihrer großen Ueberlegenheit mußten die
Angreifer fchließlich den Rückzug antreten, der fich dadurch befonders verluft-
reich für fie geftaltete, daß die Venezianer zur rechten Zeit zwei große Minen
fpringen ließen. Dennoch find die Angaben, daß die Türken über 1200 Mann
verloren hätten, wohl etwas zu hoch gegriffen. Die Vertheidiger follen nur
36 Todte und Verwundete eingebüßt haben. Diefer Sieg war infofern von
Bedeutung, als er das Selbftvertrauen der Chriften wieder etwas hob, bei
den Türken dagegen einen fehr niederfchlagenden Eindruck hervorbrachte.
Hätte Morofini jetzt nur wenige taufend Mann mehr zur Verfügung gehabt, fo
wäre es möglich gewefen, die Türken wenigftens auf einem Punkte aus ihren
Verfchanzungen hinauszuwerfen. Rofpigliofi fowohl wie der Generalkapitän
bemühten fich auch, dem Herzog von Noailles noch einmal vorzuftellen, welche
Verdienfte er fich erwerben könne, wenn er feine Truppen jetzt zu einem Ausfall hergebe, aber der Franzöfifche General lehnte jedes Eingreifen ent-
fchieden ab.

Am 25. Auguft traf endlich der Herzog von Mirandola mit feinem Transport von Zante her ein.**) Er begab fich fofort zu dem Generaliffimus und
theilte ihm mit, fobald er feine Leute abgeliefert habe, wolle er für feine
Perfon Candia wieder verlaffen, denn er halte es nicht für feiner Würde ent-
fprechend, mit in den Fall der Feftung verwickelt zu werden. Rofpigliofi
ftellte ihm frei, zu thun, was ihm beliebe, konnte fich aber nicht enthalten
hinzuzufügen, der Papft werde über diefes eilige Preisgeben der übernommenen
Pflichten jedenfalls fehr ungehalten fein.

Das Beifpiel der Franzofen und des Herzogs von Mirandola fand bald
Nachahmer: die Ratten verließen das finkende Schiff. Am 27. Auguft begab
fich zunächft das Maltefifche Bataillon auf die Galeeren des Ordens, und
bald darauf fchifften fich auch die Savoyardifchen Truppen ein. Nur die
Deutfchen hielten getreulich bis zum Ende aus, obwohl ihr Führer, Graf

---

*) Vor Allen zeichnete fich der Major Meifenbufch aus. Er erfchoß die beiden erften
Türken, die den Wall erftiegen, und wehrte die nachbringenden lange Zeit allein mit dem
Schwerte ab.

**) Diefe Mannfchaften fcheinen fehr minderwerthig gewefen zu fein, denn von den
urfprünglichen 2000 Mann kamen nur 882 in kampffähigem Zuftande an.

Waldeck, längst gefallen war und von den Mannschaften fast zwei Drittel auf den Wällen Candias den Tod gefunden hatten.*)

Es lag nunmehr auf der Hand, daß mit den noch vorhandenen schwachen Kräften eine weitere Vertheidigung der Festung aussichtslos geworden war. Am 27. August abends versammelte daher Morosini einen Kriegsrath sämmtlicher Venezianischen Generale und im Generalsrang stehenden Offiziere, auf dem schweren Herzens der Beschluß gefaßt wurde, die Festung den Türken zu übergeben. Bevor jedoch die Verhandlungen hierzu eingeleitet würden, sollte dem Generalissimus Mittheilung davon gemacht werden in der Hoffnung, daß die drohende Kapitulation ihn vielleicht veranlassen würde, noch einmal eine gemeinsame Thätigkeit aller christlichen Streitkräfte zu versuchen. Im Falle sie jedoch nicht zu Stande käme, wollte man Rospigliosi bitten, wenigstens so lange mit den Hülfsflotten bei Stantia zu verweilen, bis die Uebergabe der Stadt erfolgt sei, weil man fürchtete, die Türken würden versuchen, die abziehenden Venezianischen Schiffe zu überfallen, wenn sie allein zurückkehrten. Morosini richtete daher am anderen Morgen ein Schreiben in diesem Sinne an Rospigliosi, übersandte ihm eine Abschrift des Protokolls und schloß mit den Worten: „ . . . Schon sind die Kapitulationsverhandlungen eingeleitet, aber sie können noch rückgängig gemacht werden, wenn Ew. Excellenz noch einmal Ihr ganzes Ansehen einsetzen, um die Franzosen zur Hergabe von nur 3000 Mann zu bewegen. Mit diesen mache ich mich anheischig, die Festung so lange zu halten, bis neue Hülfe eintreffen kann. Erhalte ich die Mannschaften aber nicht, so ist keine Rettung mehr möglich. Soeben kommt auch der Führer des Päpstlichen Bataillons und meldet mir, seine Leute wollten nicht weiter dienen, da sie keine Lust hätten, sich für die ausgestandene Mühe und Noth von den Türken den Kopf abschneiden zu lassen. So weit ist es also schon gekommen! Wenn die Nachwelt jemals im Stande sein wird, sich ein Bild von dem Zustande der Festung, von unseren Leiden und der gänzlichen Hoffnungslosigkeit auf Besserung zu machen, so wird sie auch begreifen, warum wir unterliegen müssen . . ."

Die Antwort Rospigliosis auf diese Aufforderung ist bezeichnend für die Art und Weise, wie er seine Aufgabe als Generalissimus auffaßte. Sie bestand in einem höflichen Schreiben, worin er die Erklärung abgab, er müsse im Namen des Papstes den Beschluß des Venezianischen Kriegsrathes zur Kapitulation mißbilligen, sei aber nicht im Stande, zur Rettung der Festung irgend etwas zu thun. Die Venezianer möchten der Gnade Gottes vertrauen, der sie gewiß nicht im Stich lassen würde. Er selbst sehe sich durch

---

*) Bei ihrem Wegzug von Candia zählten die Bayern zwar von 1600 noch 913 Köpfe, die Braunschweiger aber von 2400 nur noch 720. Auch auf der Ueberfahrt nach Venedig gingen noch sehr Viele zu Grunde, so daß das Bayerische Regiment mit nur 230 Mann in der Heimath anlangte.

strenge Befehle aus Rom*) genöthigt, am nächsten Tage mitsammt seiner Flotte abzureisen, um nicht Zeuge der Uebergabe der Festung an die Ungläubigen zu sein.

---

11. Heimkehr der Hülfsflotten und Fall der Festung Candia.

Am Abend des 31. August erfolgte der gemeinsame Aufbruch sämmtlicher Päpstlichen, Französischen und Maltesischen Schiffe von Candia. Rospigliosi hatte von dem Generalcapitän schriftlich Abschied genommen und unter nochmaliger Anführung aller Gründe, die ihn zur Abreise bestimmten, den Venezianer gebeten, ihm zu verzeihen, wenn er unrecht handele. Morosini antwortete darauf in einem Schreiben, das seinem tiefen Schmerz über die traurige Wendung der Dinge in rührenden Worten Ausdruck verleiht: „. . . . . Die Fortdauer meines Lebens kann mir in Zukunft nur Grund zu immerwährenden Thränen geben, wenn ich an die unvermeidlichen Gefahren denke, die der ganzen Christenheit nach dem Falle dieser unglücklichen Stadt bevorstehen. Ich möchte lieber unter den Trümmern Candias der Wuth der Barbaren preisgegeben sein, als ein so großes Elend überleben. Mich kann in meinem Schmerz darüber nur das Bewußtsein trösten, daß wir Alle in Gottes Händen stehen, und daß er mein Leben, das ich oft genug aufs Spiel gesetzt, noch nicht zum Opfer hat haben wollen . . ."

Der herrschende Südwind zwang die verbündete Hülfsflotte zunächst in nördlicher Richtung bis zu der Insel Santorini zu gehen, die sich noch im Besitz der Venezianer befand. Es dauerte zehn Tage, bis der Wind eine Weiterfahrt in westlicher Richtung erlaubte. Die Franzosen betrugen sich in dieser Zeit sehr schlecht, wenn sie an Land kamen. Rospigliosi und die Malteser hielten dagegen strenge Mannszucht. Am 11. September endlich konnte man weiterfahren, und zwar über Cerigo und Zante nach Corfu, das aber erst am 21. erreicht wurde, weil die Französischen Hochbordschiffe die meiste Zeit von den Galeeren geschleppt werden mußten. In Corfu fingen die Franzosen wieder mit den Einwohnern wegen einiger Frauen Händel an. Es kam zu blutigen Schlägereien, bei denen mehrere Soldaten ihr Leben einbüßten.

Dies bestimmte Rospigliosi, am 24. September aufzubrechen, doch traf man erst am 1. Oktober in Messina ein. Hier trennten sich die Maltesischen

---

*) Diese Befehle waren in der That gegeben worden. Sie schrieben dem Päpstlichen Admiral vor, in zwei Fällen sofort zurückzukehren: wenn die Festung kapitulire oder wenn eine der anderen Hülfsflotten abreise. Rospigliosi handelte hier also streng nach seiner Instruktion, aber gerade dadurch beschleunigte er den Fall der Festung, den er hatte verhindern sollen.

Galeeren und die Französischen Hochbordschiffe von der übrigen Flotte, um sich nach dem nahen Malta und nach Toulon zu wenden. Die Päpstlichen und Französischen Galeeren setzten ihre Fahrt längs der Italienischen Küste am 8. Oktober fort. Die Päpstlichen Schiffe gingen in Civitavecchia in ihre Winterquartiere, während Bivonne sich nach seinem Bestimmungsort Marseille begab. Rospigliosi hatte sich schon bei Nettuno an Land setzen lassen und war von dort unverzüglich nach Castelgandolfo geeilt, um dem Papst Bericht zu erstatten. Clemens IX., der bereits von dem Falle Candias Nachricht erhalten hatte, empfing seinen Neffen sehr ungnädig. Er warf ihm vor Allem vor, daß die christliche Flotte trotz ihrer Stärke so gut wie gar nichts geleistet habe. Und als Rospigliosi darauf erwiderte, er habe die Päpstlichen Schiffe schonen wollen, rief der Papst aus: „Es wäre besser gewesen, das Leben mit den Schiffen zu verlieren als Candia an die Türken!" Außerdem beklagte er sich darüber, daß der Admiral es nicht verstanden habe, die Streitkräfte, deren Führung ihm übertragen war, in der richtigen Weise auszunutzen. Namentlich sei es seine Aufgabe als Generalissimus gewesen, die Franzosen und Malteser zum Ausharren zu bewegen. Auch hierauf vermochte Rospigliosi zu seiner Entschuldigung nur wenig anzuführen. Er schied in Verstimmung vom Papste, der bald darauf starb, wie es heißt, aus Kummer über den Fall Candias. Rospigliosi trat von da an ganz in den Hintergrund und hat kein Kommando mehr bekleidet.

Aehnlich erging es dem Herzog von Noailles bei seiner Ankunft in Toulon. Ludwig XIV. ließ ihm sagen, er wünsche ihn an seinem Hofe nicht zu sehen, er solle vielmehr sein Kommando niederlegen, sich auf seine Güter zurückziehen und warten, bis er gerufen werde. Drei Jahre lang mußte der General sein Verhalten bei Candia in der Verbannung büßen, dann endlich ernannte ihn der König zum Gouverneur von La Rochelle, ließ ihn aber auch später noch nicht an seinen Hof. Etwas besser kam der Graf von Bivonne fort, da er an seiner Schwester eine mächtige Fürsprecherin besaß. Er durfte zwar ebenfalls längere Zeit nicht bei Hofe erscheinen, behielt aber sein Kommando.

———

Noch bevor die Abreise der Hülfsflotten aus Candia erfolgt war, hatte Morosini bereits Verhandlungen mit den Türken eröffnet. Obschon er keinen Auftrag dazu besaß, sondern befürchten mußte, daß man ihn in Venedig verläugnen und schwer zur Rechenschaft ziehen würde, beschloß er doch auf eigene Verantwortung die Uebergabe Candias zum Abschluß eines allgemeinen Friedens zu erweitern. Er hoffte dadurch gleichzeitig bei der Kapitulation der Festung günstigere Bedingungen zu erzielen. Bereits am 28. August schickte er den Oberst Amandi mit einer Barke in den Fluß Gioffiro, in dessen Nähe sich das Lagerzelt des Großvezirs befand, und ließ diesem einen Friedensschluß anbieten, zunächst ohne von der Kapitulation der Festung zu sprechen.

Achmed Cöprili erwiderte indeß, er habe strengen Befehl vom Sultan, keinen Frieden ohne Uebergabe Candias zu schließen. Wollten die Venezianer auf diese Bedingung eingehen, so sei er zu Unterhandlungen bereit. Mehr hatte Morosini nicht erwartet. Er ließ daher auf dem Fort San Demetrio die weiße Fahne aufziehen, worauf alle Feindseligkeiten eingestellt wurden. Dann begannen vor den Thoren der Stadt in einem von den Türken eigens dazu errichteten prachtvollen Zelte die von dem Großvezir mit vielem Entgegenkommen geführten Verhandlungen, die sich bis zum 6. September hinzogen. An diesem Tage kam folgender Friedensvertrag zu Stande:

1. „Die Festung Candia wird mit allem Geschütz und Kriegsgeräth den Türken übergeben. Nur die in der Stadt befindlichen Schiffsgeschütze können vorher entfernt werden.

2. Die ganze Garnison verläßt die Festung mit fliegenden Fahnen und mit Handwaffen, Lebensmitteln, Gepäck u. s. w. Auch der Einwohnerschaft bleibt es freigestellt, mit ihrem ganzen Besitz die Stadt zu verlassen und die Heiligthümer der Kirchen mit sich zu nehmen.

3. Zum Einschiffen der Truppen, Einwohner u. s. w. werden den Venezianern 12 Tage Zeit gegeben. Vorher darf kein Türke die Stadt betreten. Sollte diese Frist nicht genügen, so kann sie verlängert werden; auch verpflichtet sich der Großvezir, auf Verlangen den Venezianern bei der Ueberführung ihres Eigenthums auf die Schiffe behülflich zu sein.

4. Bis zur Beendigung der Einschiffung bleibt Alles in seinem jetzigen Zustande. Alle Feindseligkeiten sowie ober- und unterirdische Arbeiten werden eingestellt. Die größte Mannszucht wird auf beiden Seiten gehalten; wer dagegen verstößt, darf als Feind behandelt werden.

5. Zur gewissenhaften Innehaltung der Bedingungen stellt jede Partei drei Geiseln von gleichem Range, die bis zur völligen Ausführung des Vertrages zu bleiben haben.*)

6. Die Venezianische Flotte darf auch nach der Uebergabe der Stadt so lange bei Stantia verbleiben, als ihr beliebt.

7. Mit der Hauptstadt geht auch die Insel Candia in den Besitz der Türken über, dagegen bleiben die drei kleinen Festungen Garabusa, Suda und Spinalonga in den Händen der Venezianer.**)

8. Die Eroberungen, die die Republik im Laufe des Krieges an den Küsten von Dalmatien und Albanien gemacht hat, brauchen nicht zurückgegeben zu werden.

9. Der sonstige Besitzstand beider Staaten bleibt wie vor dem Kriege.

---

*) Es waren dies auf Seiten der Venezianer: der Generallieutenant Faustino da Riva, der Generalkommissar der Munition Giovanni Calbo und der frühere Doge von Candia Zacharias Mocenigo. Auf Seiten der Türken: der Beglerbeg von Temesvar Berbiri Pascha, der Janitscharenaga Mehemet und der Testerdar von Rumelien Caffi Bey.

**) Diese Orte waren aber ohne Werth für die Republik, da sie keine brauchbaren Häfen besaßen.

10. Alles was dagegen nach dem Abschluß des Friedens ohne Kenntniß von dessen Abmachungen etwa noch erobert oder genommen wird, muß zurückgegeben werden. Ebenso werden den Kaperschiffen die Kaperbriefe binnen 40 Tagen entzogen.

11. Sklaven und Gefangene werden ausgewechselt, Spionendienste bleiben unbestraft.

12. Die Friedensbedingungen werden in zwei Exemplaren, das eine Italienisch, das andere Türkisch, ausgefertigt. Das Italienische, von Morosini unterschrieben und gesiegelt, erhält der Großvezir, das Türkische, von diesem unterschrieben und gesiegelt, der Generalkapitän."

Mit diesem Frieden endigte der Krieg um Candia nach einer Dauer von 24 Jahren und 6 Monaten. Die Republik verlor dabei eine Herrschaft, die sie ununterbrochen 409 Jahre lang besessen hatte. Es schien, als ob kin besonderer Unstern dabei gewaltet hätte, denn bald nach der Abreise der Hülfsflotten traf jener Brief des Königs Ludwig XIV. ein, worin er seinen Streitkräften aufs Neue befahl, bis Ende November zu bleiben.*) Wäre dies geschehen, so hätte man vielleicht Frieden ohne Uebergabe der Festung schließen können. Denn wenn die Türken sich schon unter den jetzigen Umständen mit so geringen Vortheilen begnügten, so müssen auch bei ihnen triftige Gründe für den Friedensschluß vorgelegen haben. Wahrscheinlich befürchtete der politische Scharfblick des Großvezirs, auf den die Hartnäckigkeit der Vertheidigung durch die Venezianer tiefen Eindruck gemacht hatte, Candia könne noch einmal die Veranlassung zu einem Kreuzzuge der Christenheit werden, dem die Pforte nicht gewachsen war.

Die Nachrichten von der Uebergabe Candias und dem Abschluß des Friedens erregten in Venedig große Bestürzung. Doch sah der Senat der Republik wohl ein, daß man bei der gänzlichen Erschöpfung aller Mittel zur Weiterführung des Krieges nichts Besseres hätte erreichen können. Er bestätigte daher durch seinen außerordentlichen Gesandten bei der Pforte, Luigi Molino, den Friedensvertrag, und ein Gleiches geschah auch durch den Sultan.

Am 27. September betrat der Großvezir als Erster die eroberte Festung, nachdem kurz zuvor der letzte christliche Soldat, ein Deutscher Offizier, Christoph v. Degenfeld, den Boden Candias verlassen hatte.**) Nur 3754 Mann war zum Schluß die Besatzung stark gewesen einschließlich der Kranken und

---

*) Vergl. S. 192.

**) In welchem Zustande die Stadt in die Hände der Türken kam, beschreibt Scheither folgendermaßen: „. . . . . Nach dem Uebergang sah die Stadt mehr einem Steinhauffen, als einer Stadt gleich, denn rings gegen den Wall herumb und sonderlich bey S. Andrea und Sabionera seyend die Häuser meist alle darnieder geschossen, theils auch zur Erbauung der Traversen, Minen und Abschnitte abgebrochen, theils auch von der schrecklichen Erbebung und Erschütterung der gesprengten Minen selbsten eingefallen; ist also nur die innerste oder alte Stadt stehend geblieben, wiewol auch darin kein Hauß zu finden, das nicht etliche mahl wre Creutzweiß mit den größten Canon-Kugeln durchboret worden, daher es mehr einem Bethlehem als einem Jerusalem gleich gesehen . . . ."

Arbeiter. Auch die ganze Einwohnerschaft, wenig mehr als 4000 Köpfe, verließ die Heimath*) und wurde zum Theil in Venedig selbst zum Theil in Istrien angesiedelt.

Fast drei Jahre hatte die letzte und heftigste Belagerung Candias gedauert. Während dieser Zeit waren 69 Stürme der Türken und 80 Ausfälle der Belagerten erfolgt, 1364 Minensprengungen hatten stattgefunden, 29 088 Christen und 108 000 Türken fanden ihr Grab in dem blutgetränkten Boden Candias.

Schlußbetrachtungen.

Fast ein Vierteljahrhundert lang hatte Venedig unter großen Opfern für die Erhaltung Candias, dieses letzten und sichersten Stützpunktes seiner Herrschaft im östlichen Mittelmeerbecken, gekämpft. Dennoch war die Festung und mit ihr die Insel verloren gegangen; alle Anstrengungen der mächtigen Republik und die Betheiligung des christlichen Europas hatten dies Ende nicht zu verhindern vermocht. Auf keinen Fall war es allein die Ueberlegenheit des siegreichen Gegners an Zahl gewesen, die solchen Ausgang herbeigeführt hatte. Denn zu keiner Zeit hat die Zahl den Enderfolg im Kriege verbürgt; stets wirkten andere und nicht nur materielle Mittel, sondern noch viel mehr sittliche und geistige Kräfte und Einflüsse auf Sieg und Niederlage, Gewinn und Verlust einer Schlacht, einer Festung, eines Feldzuges und ganzen Krieges ein. Diese Einflüsse auf ein kriegerisches Ereigniß, selbst wenn es zweihundert Jahre hinter uns liegt, aufzusuchen und sie zu betrachten, vermag auch heut ansprechend und lehrreich zu wirken. Zwar erscheint unserer Zeit das Aeußerliche des Kampfes um Candia in fremdartigem Gewande, aber nur leicht verbirgt sich darunter etwas, was unveränderlich bleibt und bleiben wird: das eigentliche Wesen des Krieges. Sitte, Kulturzustand und viele andere Bedingungen ändern die Aeußerungen dieses Wesens im Laufe der Zeiten, dennoch bleiben Grundwahrheiten bestehen, die, weil sie wahr sind, niemals ganz verloren gehen können. Gerade darum vermögen die Betrachtungen weit zurückliegender kriegerischer Ereignisse einen hohen Reiz zu gewähren, weil dabei das ewig Wahre vom Wesen des Krieges aus einer uns ungewohnten Verhüllung plötzlich und siegreich zu Tage tritt, und um so mehr, wenn, wie hier bei Candia, sich Umstände in den Vordergrund drängen, die — wie das Zusammenwirken von Heer und Flotte, der Einfluß der Streitkräfte zur See auf den Gang des Krieges — in unserer Zeit erhöhte Bedeutung gefunden haben.

Von den Ursachen, die zum Falle Candias führten, sind zunächst die äußerlichen und örtlichen zu untersuchen. Sie wurden zum Theil schon im

---

*) Es blieben nur zwei Griechische Geistliche, ein Weib und drei Juden zurück.

Laufe der vorangegangenen Darstellung berührt; hier genügt also eine kurze Zusammenfassung.

Candia war eine sehr kleine und sehr schwache Festung. Erbaut zu einer Zeit, in der die Vorherrschaft Benedigs im Aegäischen Meere noch nicht durch die Türken bedroht war, sollte sie mehr gegen räuberische Ueberfälle der unbotmäßigen Inselbewohner als gegen eine regelrechte Belagerung Schutz gewähren. Im Laufe der Zeit hatte man zwar die ursprünglich einfache bastionirte Umwallung durch allerlei vorgelagerte Deckungswerke zu verstärken und zu vervollkommnen gesucht, aber nicht immer in zweckmäßiger und vor Allem nicht in einheitlicher Weise. Jede Generation hatte, wo es ihr gerade beliebte, ein Stück hinzugefügt, und so war eine Gesammtanlage entstanden, die zwar an Zahl der Befestigungsglieder nichts zu wünschen übrig ließ, bei der aber der Hauptwall schwach und die gegenseitige Unterstützung der einzelnen Theile mangelhaft geblieben war. Dieser Uebelstand machte sich in besonderem Maße dort bemerkbar, wo die Befestigungslinie das Meeresufer berührte. Den Benezianern war wohl nie der Gedanke gekommen, daß ihnen einmal der ungehinderte Zutritt von der See zur Festung verloren gehen könne. Die ganze Anlage war daher nur auf einen Angriff vom Lande her berechnet. Man hatte die Meeresfront so gut wie ungeschützt und die am Ufer liegenden beiden Endbastione am schwächsten gelassen, wohl in der Annahme, daß ein Gegner diese Werke niemals zum Angriffspunkte wählen würde, weil er sie nicht umfassend angreifen könne, seinerseits aber vom Meere aus flankirt werde. Diese Annahme erwies sich, wie wir wissen, als irrig. Die Türken gingen zwar nicht umfassend, desto entschiedener aber frontal vor, und die erhoffte flankirende Wirkung von der See her gegen die feindlichen Angriffsarbeiten versagte völlig.

Zu diesen in der Anlage der Festung begründeten Mängeln, die sich während der Belagerung nicht wieder gut machen ließen, kamen nun solche, an denen die Vertheidigung selbst die Schuld trug. Obwohl Benedig eine Republik von Kaufleuten war, so hat es doch bei dem Kampfe um Candia den kaufmännischen Grundsatz außer Acht gelassen, daß man, um einen großen Gewinn zu erzielen, auch entsprechende Mittel daran setzen müsse. Es wurde während des ganzen Krieges von Anfang an mit zu schwachen Kräften gearbeitet. Zwar ist die Summe aller aufgewandten Mittel schließlich groß genug gewesen, um den reichen Staat völliger Erschöpfung nahe zu bringen, aber nur, weil diese Opfer 25 Jahre lang gebracht werden mußten. Den Krieg durch eine einzige gewaltige Kraftanstrengung vielleicht mit einem Schlage zu beendigen, dazu vermochte sich Benedig nicht aufzuraffen. Es unterhielt ein langsam glimmendes Feuer, das niemals ganz erlosch, aber auch niemals zu voller Gluth emporloderte. Der Nachschub an Truppen, Schiffen, Waffen und sonstigen Kriegsmitteln war immer gerade groß genug, um den Abgang zu ersetzen, zum Herbeiführen einer entscheidenden Wendung aber zu gering. Ein solches Verfahren mochte angängig sein, solange die

Türken selbst den ganzen Krieg nur hinhaltend und ohne Nachdruck führten; sobald sie aber vom Jahre 1667 ab Ernst machten, mußte es versagen. Zwar vermehrte ja auch die Republik zuletzt ihre Anstrengungen, aber sei es, daß ihr die alte Thatkraft und Kampfeslust verloren gegangen war, sei es, daß die Kräfte wirklich bereits zur Neige gingen, das Mißverhältniß zwischen Absichten und Leistungen blieb auch da bestehen.

Umsomehr ist die Seelengröße desjenigen Mannes zu bewundern, auf dessen Schultern in den letzten Jahren die ganze Mühe und Verantwortung der Vertheidigung Candias lastete, des Generalkapitäns Morosini. Nicht die schwächliche Unterstützung aus der Heimath, nicht die zweifelhafte Tapferkeit der Besatzung, auch nicht die unregelmäßige und zögernde Hülfe des Auslandes haben die Festung drei Jahre lang gegen die heftigen Angriffe der Türken gehalten, sondern nur der feste Wille dieses einen Mannes. Seine völlige Hingabe an das übernommene schwierige Amt, die Umsicht, womit er überall Rath schaffte, wenn sich Mängel zeigten, die nie ermüdende Thatkraft, mit der er die widerstrebenden Elemente der Vertheidiger zusammenhielt und die Zagenden anfeuerte, werden stets der Bewunderung würdig bleiben. Ist auch seinen Anstrengungen der Erfolg versagt geblieben, so hat Morosini doch wieder den Beweis dafür geliefert, daß über allen anderen die moralischen Faktoren in der Kriegführung stehen. Diese lebendigsten Kräfte bleiben eben zu jeder Zeit in gleicher Weise wirksam, weil sich ihr Träger, der Mensch, in seinem innersten Wesen nicht ändert.

Die Leistungen Morosinis sind um so höher zu bewerthen, als ihm die größten Schwierigkeiten gerade von denen bereitet wurden, die ihn hätten unterstützen sollen, nämlich von den Vertheidigern selbst. Es ist in der Darstellung der Ereignisse schon darauf hingewiesen worden, wie unzuverlässig sich die Soldtruppen der Republik Venedig zeigten. Mit wenigen rühmlichen Ausnahmen fehlte es ihnen durchaus an Kriegszucht, thaten sie ihren Dienst nur mit Unlust und waren stets bereit, sich der übernommenen Verpflichtung zu entziehen. Auch die Führer niederen Grades unterschieden sich hierin wenig von den Mannschaften. Oft fand der Generalkapitän die wichtigsten Posten in der Festung von den Vertheidigern entblößt; Desertion und Ueberlauf zum Feinde kamen täglich vor. Den Grund für diese Erscheinung haben wir schon in dem Umstande kennen gelernt, daß die Republik genöthigt war, ihre Söldner aus aller Herren Länder zusammenzuholen. Der Venezianer selbst diente nicht im Landheere; was sich aber sonst bereit fand, für eine fremde Sache, auf einer fernen Insel, in einem mörderischen Belagerungskriege sein Leben aufs Spiel zu setzen, war hergelaufenes Gesindel, das nichts zu verlieren hatte. Von einem lebendigen Pflichtgefühl oder gar von der Entwickelung eines Korpsgeistes konnte daher auch keine Rede sein, vielmehr machten die Eifersüchteleien zwischen den zusammengewürfelten Nationalitäten den Führern viel zu schaffen. Der Deutsche wollte nicht mit dem Slavonier, der Italiener nicht mit dem Griechen zusammen auf dem Walle stehen, und in der Stadt kam es fast täglich zu Zank und Streit, wobei es meist blutige Köpfe setzte.

Schlimmer noch war der Mangel an Einigkeit unter den Führern. Die im Dienste der Republik stehenden Generale fremder Nationalität — und sie übertrafen an Zahl bei Weitem, die geborenen Venezianer — hatten ihre Jugend zumeist in den zügellosen Feldlagern des dreißigjährigen Krieges verlebt und waren an Unterordnung wenig gewöhnt. Unweigerlicher Gehorsam und strenge Mannszucht galten damals überhaupt nicht als erste Soldaten= tugenden, dagegen machten sich übertriebenes Selbstbewußtsein, Prahlerei und Trotz in ungebührlichem Maße breit. Auch in Candia gab es fast täglich Reibereien zwischen den Führern, weil keiner sich dem anderen unterordnen wollte, und viel Zeit und Mühe mußten verschwendet werden, um ungerecht= fertigte Ansprüche auszugleichen oder abzuweisen. Malteser und Venezianer, Spanier und Franzosen gönnten sich gegenseitig nicht das Geringste, ja sie ließen um kleinlicher Fragen der Etikette willen Pflicht und soldatische Ehre im Stiche. Es machten sich hier eben alle Mängel des Koalitionskrieges mit seinen widerstreitenden Sonderinteressen fühlbar, es fehlte an einem festen Gefüge der Streitkräfte und der zielbewußten Einheit der Führung, die allein eine so schwierige Aufgabe zu einem glücklichen Ende hätten bringen können. Als sprechendes Beispiel hierfür haben wir das Verhalten der Französischen Generale im Sommer 1669 kennen gelernt. Sie trieben Politik auf eigene Faust, thaten, was ihnen beliebte, und kümmerten sich wenig um die Rettung Candias. Morosini aber, der sonst wohl der Mann gewesen wäre, sie zur Pflicht zu zwingen, blieb machtlos hiergegen, da ihm der Oberbefehl ent= zogen und in die schwachen Hände des Päpstlichen Admirals gelegt worden war.

Die bisher angeführten Gründe für den Fall Candias sind solche, die zu diesem Ereigniß die unmittelbare und mehr äußerliche örtliche Veranlassung gegeben haben. Sie erklären aber noch nicht ausreichend, warum mit dem Schicksal der Festung auch die Entscheidung über den Ausgang des Krieges verbunden sein mußte. War doch die Stadt Candia ursprünglich nicht das eigentliche Objekt; es handelte sich vielmehr um den Besitz der ganzen Insel, um die Vorherrschaft im östlichen Mittelmeerbecken. Aber wie in jedem Kriege, so waren es auch in diesem tiefer liegende umfassende Umstände, deren Ein= fluß entscheidend im Großen wirkte.

Zunächst sei hier einer Erscheinung gedacht, die der gesammten Krieg= führung der damaligen Zeit gemeinsam ist, und die sich nur aus einer von der heutigen verschiedenen und uns einseitig dünkenden Auffassung vom Wesen des Krieges erklären läßt. Nicht wie wir ihn heut kennen: als das gewaltige, alle Kräfte anspannende, bis zur Vernichtung gehende Ringen zweier Völker erschien der Krieg dem 17. Jahrhundert, sondern als eins unter den vielen Mitteln der Politik, als eine Art Zweikampf, in dem man wohl den Gegner besiegen, sich selbst aber wenig schaden wollte. Die Schwierigkeiten bei der Aufbringung und Erhaltung der Söldnerheere machten es unerläßlich, sich dies kostspielige Instrument recht lange zu bewahren und es nicht in gewagten Unternehmungen aufs Spiel zu setzen. Darum vermied man gern die offene Schlacht, die viele Menschen kostete, und suchte durch Manöver, den kleinen Krieg oder durch Besetzung von feindlichem Gebiet dem Gegner zu schaden. Das in der Vertheidigung befindliche Heer wählte verschanzte Stellungen, noch lieber starke Festungen, die den Gegner vom Angriff abschrecken oder ihn zu einer mühsamen und langwierigen Belagerung zwingen sollten. So wurde nicht die Vernichtung des feindlichen Heeres sondern der Besitz eines geographischen Punktes: einer Stadt, einer Flußlinie oder auch einer Provinz zum nothwendigen Ziel und Endzweck jedes Kampfes Europäischer Mächte. Es leuchtet ohne Weiteres ein, daß die Türken gegenüber dieser durch die Verhältnisse bedingten Auffassung vom Kriege bedeutend im Vortheile waren; ihre vorgeschrittene Heeresorganisation, ihre Rücksichtslosigkeit im Verbrauch von Menschenleben, wofür sich ihnen stets unerschöpflicher Ersatz bot, ihre einfache Finanzwirthschaft waren von vornherein ebenso viele Elemente der Ueberlegenheit über Europäische Gegner.

Auch im Kampfe um die Insel Candia haben die festen Plätze von Anfang an eine wichtige ja sogar die entscheidende Rolle gespielt. Gleich im Beginn des Krieges war es die erste Sorge der Türken, sich einiger fester Stützpunkte an der Küste zu bemächtigen, und erst nachdem ihnen das dank der Unthätigkeit der Venezianer gelungen war, setzten sie sich allmählich und vorsichtig in den Besitz des Restes der Insel. Auch befestigten sie alsbald ihre Ausschiffungsplätze, wozu sie gezwungen waren, weil sie nicht die Seeherrschaft besaßen, die es dem Heere gestattet hätte, sich jederzeit und an jedem von der See aus zugänglichen Orte auf die Flotte als unangreifbare Operationsbasis zu stützen. Es gelang ihnen zwar, die schwächlichen Versuche ihres Gegners abzuweisen, sie aus ihrer Stellung bei Canea zu vertreiben, aber ihr eigener Versuch, sich dichter bei Candia in San Pelagio einen besseren und bequemeren Ausschiffungspunkt zu sichern, schlug fehl, weil die Venezianische Flotte den Angriff auf Pelagio durch den Sieg bei Fodella vereitelte. Andererseits haben es die Venezianer niemals ernsthaft versucht, die Türken wieder von der Insel zu vertreiben. Nicht ein einziges Mal treten sie ihnen im freien Felde entgegen, sondern sie beschränken sich von Anfang an zu Lande lediglich auf den Festungskrieg, auf ein durchaus passives Festhalten der ihnen verbliebenen Küstenplätze. Und doch ist es klar, daß der Krieg niemals zu einem glücklichen Ende geführt werden konnte, solange die Türken Herren des größten Theils der Insel blieben. Es fragt sich freilich, ob die Republik überhaupt im Stande war, ihnen diesen Besitz wieder zu entreißen. Daß sich in den ersten Jahren des Krieges mehrfach eine günstige Gelegenheit hierzu bot, wissen wir aus dessen Schilderung bis zum Jahre 1667. Die Türken hatten zeitweise, z. B. 1652 bis 1653 und 1666, so geringe Kräfte auf der Insel, daß sie die Belagerung der Hauptstadt unterbrechen und sich selbst in Neu-Candia verschanzen mußten. Es hätte damals nur

eines entschiedenen Vorgehens der Venezianer bedurft, um die Rollen um-
zutauschen und die Türken in arge Bedrängniß zu bringen. Weit schwieriger
war allerdings ein solcher Versuch von 1667 ab, allein auch da konnte
Candia immer noch wirksamer außerhalb seiner Mauern vertheidigt werden
als innerhalb und zwar mit Hülfe der Flotte.

Wir kommen hiermit zu dem wichtigsten und lehrreichsten Punkte unserer
Betrachtungen: der Einwirkung der Seemacht auf den Gang der Ereignisse
bei Candia. Die Untersuchung dieser Frage, die uns zugleich über die
hauptsächlichsten Ursachen für den unglücklichen Ausgang des ganzen Krieges
Aufschluß gewähren wird, erfordert zunächst die Klarlegung einiger Gesichts-
punkte von allgemeiner Bedeutung.

Die reine Seemacht und die reine Landmacht, wenn jede für sich allein
anstritt, haben keine Interessengegensätze, solange die Betheiligung der Landmacht am Welthandel gering ist, und sie im eigenen Lande Hülfsquellen zur
Erhaltung und zur Befriedigung der Bedürfnisse findet. Die Seemacht
muß dann haltmachen an den Küsten des mächtigen Binnenstaates, während
sie unangreifbar und ungestört die Herrschaft über die See behauptet. Interessengegensätze entstehen erst, wenn die Küsten der Landmacht die Seemacht
zum Verkehr oder zur Besitzergreifung reizen, oder es der Landmacht zu eng
in ihren Grenzen wird und sie die Hände nach überseeischem Besitz aus-
streckt. Eine solche Landmacht war die Türkei. Ihr Schwerpunkt lag in
dem großen zusammenhängenden Landgebiet, dessen Hülfsquellen reichlich
dem Bedarf genügten und dessen Handel unbedeutend war. Venedig dagegen
beherrschte unumschränkt das östliche Mittelmeer und konnte und mußte alle
Kräfte daransetzen, jeden Versuch, ihm dort die Seeherrschaft streitig zu
machen, im Keime zu ersticken. Es hatte dabei alle Vortheile eines Insel-
staates, denn seine geringen Besitzungen in Oberitalien wurden durch Nach-
barn kaum behelligt, und diejenigen im Mittelmeer konnten durch die Flotte,
solange diese die unbeschränkte Seeherrschaft behauptete, vor jedem Angriff
gedeckt werden. Mit einem verhältnißmäßig kleinen Heer, dessen Unterhaltung
einem so reichen Staate keine unerschwinglichen Opfer zumuthete, konnte es
trotzdem überall mit Uebermacht auftreten, da es in kürzester Zeit seine ganze
Macht auf einen Punkt zu werfen vermochte.

Die Lage Venedigs hatte in dieser Hinsicht manche Aehnlichkeit mit der
Karthagos im Alterthum. Ein verhältnißmäßig kleines Mutterland im Besitz
einer mächtigen seegebietenden Flotte häuft Reichthümer auf Reichthümer durch
den Besitz überseeischer Kolonien und den Verkehr mit ihnen. Allein diese
Macht und mit ihr der Reichthum und die Bedeutung des ganzen Staates
können nur aufrecht erhalten werden, wenn die See unbeschränkter Besitz der
Seemacht bleibt. Gelingt es einer starken Landmacht, die Seeherrschaft, wenn
auch nur für einige Zeit, an sich zu reißen und ihre erdrückende Uebermacht
auf entscheidendem Punkte zur Geltung zu bringen, so wird ein verhältnißmäßig schwacher Seestaat, der nicht in einem großen Lande mit zahlreicher

Bevölkerung die Quellen seiner Kraft findet, erliegen müssen. Karthago erlag in dem Kampfe mit Rom, weil es nicht verstand, seine Seegewalt aufrecht zu erhalten. Hannibal mußte den mühsamen Weg durch Gallien nehmen, weil ihm die See nicht unbeschränkt offen war. Alpen und Pyrenäen trennten ihn von seiner Operationsbasis Spanien, und während er in glänzenden aber schließlich unfruchtbaren Feldzügen seine Heere aufrieb, konnten die Römer im Besitz der Seeherrschaft ohne Beschwerden und Verluste ihre Heere nach Spanien überführen und den Karthagern diese reichste Kolonie entreißen.

Wenn die Venezianer also auch nicht daran denken konnten, auf dem Festlande sich dem Alles vor sich niederwerfenden Eroberungszuge der Türken entgegenzustemmen, so mußten sie von vornherein und dauernd dem see= mgewohnten Volke den Zutritt zum Meere versagen. Das aber haben sie nicht gethan, und in dem Umstande, daß sie ihre überlegenen Seestreitkräfte nicht ausnutzten, muß ein Hauptgrund für den unglücklichen Ausgang des Krieges gesucht werden. Die Frage, was denn hätte geschehen können, um größere Vortheile aus der Seemacht zu ziehen, verdient daher eine Er= örterung.

Die Thätigkeit der Venezianischen Flotte konnte nach zwei Richtungen hin wirksam werden: Durch Zusammenwirken mit den Landtruppen zur unmittelbaren Vertheidigung der Insel und durch selbständige Unter= nehmungen.

Hinsichtlich des Zusammenwirkens von Flotte und Landheer war vor Allem die Möglichkeit von großem Werth, Truppen zu jeder Zeit und an vielen Orten der Insel ein= und ausschiffen zu können. Die Freiheit der Bewegung, die ein solches auf die Flotte sich stützendes Landungsheer besitzt, ist von großem Vortheil. Die Kriegsgeschichte bietet dafür zahlreiche Bei= spiele. Im Feldzuge von 1808 in Spanien war ein Englisches Heer von Lissabon auf Salamanca vorgerückt, als es sich plötzlich Napoleon gegenüber befand, der mit starker Uebermacht schnell heranrückte. Nur schleuniger Rückzug konnte Rettung bringen. Allein schon war die Straße nach Lissabon verlegt, und nur der Weg nach Nordwesten blieb frei. Der Englische Feldherr schlug ihn unbedenklich ein, ließ die Flotte vom Tajo nach Coruuna kommen und brachte auf ihr sein Heer in Sicherheit. Im Russisch=Türkischen Kriege haben 1877 die Türken ihre Ueberlegenheit zur See dazu benutzt, ein Heer von 30 000 Mann aus Albanien zu Schiffe an die Küste von Rumelien und ein anderes von Varna nach Konstantinopel zu schaffen. Auch im Kampfe um Candia stand es den Venezianern durchaus frei, derartige Unternehmungen auszuführen. Die Südküste der Insel kam dabei freilich weniger in Betracht. Sie fällt überall steil zum Meere ab, brauchbare Häfen sind auf ihr fast gar nicht vorhanden. Außerdem hätten die Truppen, um nach dem Haupt= schauplatze des Krieges, dem nördlichen Theil der Insel, zu gelangen, den hohen und unwegsamen Gebirgszug überschreiten müssen, der die Insel der

Länge nach durchzieht. An der Nordküste aber gab es zahlreiche für eine
Landung geeignete Punkte. Die Türken hatten hier zwar den nächst Candia
besten Hafen, Canea, im Besitz und hielten auch einige kleinere Küstenplätze
fest, aber nur mit schwachen Kräften. Eine Landung bot daher keine ernsten
Schwierigkeiten, wohl aber große Vortheile. Die Landungstruppen vermochten
überraschend und mit großer Wirkung aufzutreten. Wie wir wissen, lief die
einzige Verbindungslinie des Türkischen Belagerungsheers vor Candia nach
Canea 128 km weit fast unmittelbar am Meeresufer entlang.*) Ein hier
plötzlich erscheinendes Venezianisches Heer hätte also diese Verbindung sofort
unterbrochen, und die Türken wären unbedingt genöthigt gewesen, sich mit
starken Kräften dagegen zu wenden. Um ebensoviel aber mußten sie die Belagerung schwächen. Es kam daher für die Venezianer darauf an, die Landungstruppen so stark wie möglich zu machen, am besten so stark, daß sie
vielleicht unter unmittelbarer Mitwirkung der Flotte zum Angriff auf das
Türkische Belagerungsheer übergehen konnten und dies so zwischen zwei
Feuer brachten. Mehrfach sind Truppentransporte an der Nordküste Candias
entlang gefahren, die hierfür ausgereicht hätten. Man denke sich nur die im
Sommer 1669 anlangenden Hülfskräfte einschließlich der Französischen nach
einem einheitlichen Plane als Landungstruppe im freien Felde verwendet,
anstatt sie in dem Hexenkessel von Candia einem langsamen aber sichern
Untergange zu weihen, so war bei der verhältnißmäßigen Schwäche und
Kriegsunlust der Türken die Möglichkeit nicht ausgeschlossen, dem Kriege auch
noch zuletzt eine andere Wendung zu geben. Allein der Gedanke an ein
derartiges kühnes Unternehmen scheint den christlichen Führern in Candia
überhaupt nicht gekommen zu sein. In den zahlreichen Berathungen, deren
Protokolle uns erhalten sind, findet sich kaum eine Andeutung darüber; jedenfalls ist niemals auch nur der geringste ernstliche Versuch gemacht worden.
Den Grund hierfür wird man nur zum Theil in dem Mangel an Unternehmungsgeist suchen dürfen; der Hauptsache nach beruhte er wohl in der
bereits erwähnten Auffassung von der überwiegenden Bedeutung der Festung
als solcher. Und in dieser glaubte man mit Vortheil Widerstand leisten zu
können, ihr allein flossen daher alle Kräfte unmittelbar zu. Selbst die Flotte
erscheint in der letzten Zeit des Krieges nur noch als ein Anhängsel der
Festung. Ihrem Lebenselement, der Bewegung, gänzlich entzogen, lag sie
unthätig auf der Rhede vor Candia; ihre Bemannung aber, sogar die Matrosen,
mußten in der Festung auf den Wällen fechten. Der einzige Versuch, die
vielen hundert schweren Schiffsgeschütze nutzbar zu machen, die große Kanonade
vom 24. Juli 1669, scheiterte kläglich, weil er so ungeschickt wie möglich eingeleitet wurde. Es war ein Parademanöver, das den Keim des Mißlingens
in sich trug.

---

*) Um diese Entfernung abzukürzen, hatte ja der Großvezir im Frühjahr 1668 sich
einen näher gelegenen Ausschiffungspunkt bei San Pelagio schaffen wollen, ein Versuch,
der durch die Seeschlacht bei Fobella vereitelt wurde.

Die Venezianer haben es also nicht verstanden, aus ihrer Ueberlegenheit zur See durch unmittelbares Zusammenwirken der Flotte mit den Landtruppen Nutzen zu ziehen.

Prüfen wir nun die Frage, wie weit ihnen das durch selbständige Unternehmungen gelungen ist. Ohne Zweifel ist, wenn sich ein Kampf zu Lande in vom Mutterlande entfernt liegenden Gebieten abspielt, derjenige Staat im Vortheil, der die Verbindungslinien dorthin, d. h. die Meeresstraßen, beherrscht. Er vermag dann seine eigenen Kriegsmittel jederzeit ungehindert auf den Kriegsschauplatz zu schaffen, dem Feinde aber das Gleiche zu verwehren. In einem solchen Falle würde also, rein theoretisch genommen, die Seegewalt an und für sich schon entscheidend für den Ausgang des Krieges sein, da der zur See schwächere oder ohnmächtige Gegner bald aus Mangel an Kräften nachgeben müßte. Das Alles trifft aber nur dann vollständig zu, wenn zwei Voraussetzungen erfüllt werden. Zunächst darf der Schauplatz des Kampfes nicht ein bloßer Nebenschauplatz sondern er muß der wichtigste oder der einzige sein. Im andern Falle wird eine Entscheidung, die auf dem Hauptschauplatz fällt, auch den Streit auf dem minder wichtigen zu Gunsten des Siegers beenden.*) Diese Vorbedingung der Ueberlegenheit war für die Venezianer im Kriege um Candia vorhanden. Die Insel ist thatsächlich ausschließlich zugleich Gegenstand und Schauplatz aller Kämpfe zu Lande geblieben, wenn man von einem kurzen Versuch der Republik im Jahre 1645 absieht, den Krieg nach der Halbinsel Morea hinüberzuspielen. Die zweite Voraussetzung für eine volle Ausnutzung der überlegenen Seegewalt ist die, daß der Gegner vom Kriegsschauplatz auch wirklich vollkommen und nicht bloß vorübergehend oder theilweise abgesperrt werden kann. Sie ist von den Venezianern niemals ganz erfüllt worden. Wenn auch die Venezianische Flotte in allen Kämpfen mit den Türken auf offener See Sieger blieb, so hat sie doch niemals ihre Seegewalt zur dauernden und konsequenten Absperrung und zur Vertreibung des Gegners von der See ausgenutzt. Nach einem vollständigen Seesiege der Venezianer ist es, wie wir wissen, der Hälfte der Türkischen Flotte gelungen, Truppen nach Canea zu bringen, und zwar nicht demoralisirte Haufen sondern tüchtige und tapfere Belagerungsmannschaften; das berechtigt zu dem Schluß, daß selbst soeben errungene taktische Vortheile nicht ausgebeutet wurden. Noch weniger Energie und Einsicht entwickelte die Venezianische Flotte in der Blockade der feindlichen Häfen, insbesondere der Dardanellen. Freilich hinderte sie auch das ungenügende Material an einer so völligen und entscheidenden Verwerthung der Seeherrschaft. Mit Galeeren kann man nicht durch alle Jahreszeiten hindurch Blockaden aufrecht erhalten. Wenn eine seetüchtige Flotte hochbordiger bewohnbarer Schiffe, die ohne stete Anlehnung an nahe Küsten frei zu operiren vermochte, Jahr aus Jahr ein

---

*) Das Wort Napoleons I., er würde Pondichery an den Ufern der Weichsel erobern, hat trotz seiner widerspruchsvollen Form viel Wahres.

die Türkischen Hauptausschiffungsplätze hätte beobachten können, so wäre viel=
leicht hier und dort einem einzelnen oder auch mehreren feindlichen Schiffen
eine Landung auf der Insel geglückt; ein Heer aber, das zu längerer kräftiger
Thätigkeit fähig gewesen wäre, hätten die Türken sicher nicht übersetzen und
leistungsfähig erhalten können. Ein beredtes Beispiel hierfür bietet die an
Kühnheit ihres Gleichen suchende Unternehmung Bonapartes nach Aegypten
1798. Durch eine Verkettung günstiger Umstände war es ihm zwar gelungen,
auf 400 Segelschiffen ein großes Heer sieggewohnter Veteranen nach Aegypten
zu werfen. Als aber durch die Schlacht von Abukir die Verbindung mit dem
Mutterlande vernichtet war, war auch das Schicksal des Heeres besiegelt,
dessen Reste 1801 auf Englischen Schiffen den Boden des Vaterlandes wieder
erreichten. Die Beherrschung der See, bewußt und folgerichtig ausgenutzt,
hätte also auch den Venezianern die Gewähr geboten, daß die Angriffe selbst
einer stärkeren Landmacht über See hinaus zurückgewiesen worden wären.

Wir haben gesehen, daß die Venezianer weder die geeigneten Flotten
noch die vollkommene Einsicht in den Werth der Seeherrschaft besaßen, um
den Gegner gänzlich von der Benutzung der Meeresstraßen auszuschließen.
Sie waren wie alle Seefahrer der damaligen Zeit gewohnt, schon früh im
Herbst einen Hafen aufzusuchen und dort unthätig zu überwintern. Diesen
Umstand wußten die Türken auszubeuten, indem sie den Spätherbst und
Winter zum Transport ihrer Truppen und Kriegsmittel aus den nahegelegenen
Häfen benutzten. Namentlich in den letzten Jahren des Krieges scheint der
Verkehr mit dem vor Candia lagernden Heere zeitweise ganz ungestört geblieben
zu sein. Und doch ist es klar, daß die Venezianer damit die einzige Mög=
lichkeit, Candia zu halten, aus der Hand gaben. Wir müssen uns deshalb
fragen, ob sich nicht mehr hätte erreichen lassen. Es gab zwei Wege, um die
Türkischen Zufuhren vom Kriegsschauplatze fernzuhalten, nämlich die Blockade
der Ausgangshäfen oder die unmittelbare Absperrung der Insel selbst. Wenn
man die Vor- und Nachtheile dieser beiden Wege erwägt, so ist zu bedenken,
daß bei dem bekannten Ziel aller Transporte die Absperrung der Nordküste
allerdings eine sichere Gewähr bot, den Gegner nicht zu verfehlen, und es
wahrscheinlich erlaubte, mit geringeren Machtmitteln auszukommen. Indessen
waren die Türken in der Wahl eines Ausschiffungshafens durchaus nicht so
unbeschränkt, wie es den Anschein haben könnte. Die mangelhaften Verkehrs=
wege machten es nur an wenigen großen Plätzen möglich, größere Truppen=
massen zu versammeln und mit den nöthigen Vorräthen zu versehen. Die
Vorbereitungen zu solchen Unternehmungen konnten bei einiger Aufmerksamkeit
der Beobachtung nicht entgehen und so rechtzeitig erkannt werden, daß die
Flotte sogar von anderen Punkten noch hätte herangeholt werden können. Und
selbst wenn glückliche Zufälligkeiten wirklich einmal ein Durchkommen des
Gegners ermöglichten, hatte eine Verfolgung immer noch große Aussichten
auf Erfolg, da das Ziel bekannt war und die feindlichen Schiffe noch einen
weiten Weg dorthin zurückzulegen hatten. Außerdem blieb bei der Blockade

der feindlichen Häfen das Meer frei für den der Republik so nothwendigen Handel. Die Venezianer hatten auch ein ganz richtiges Gefühl, als sie im Anfange des Krieges versuchten, die Entscheidung vor den Dardanellen herbeizuführen. Wie unangenehm den Türken diese Blockade war, zeigen ihre großartigen trotz aller Mißerfolge immer erneuten Anstrengungen, sie zu durchbrechen. Außer der genügenden schwimmenden Streitmacht reichte zur Aufrechterhaltung dieser Blockade der Besitz eines nicht zu weit entfernten Stützpunktes aus, der den Schiffen Ruhe und die nöthigen Vorräthe bot, und von wo aus sie früh genug auf dem Platze sein konnten, wenn die Vorposten das Herannahen der Türkischen Flotte meldeten. Unter günstigen Umständen hätte auch ein Vorstoß nach Konstantinopel den Krieg auf Jahre hinaus beeinflußt. Ein solcher durfte allerdings nicht die demonstrative Beschießung der stark befestigten Stadt sondern mußte die Vernichtung der dort liegenden feindlichen Flotte zum Ziele haben. Mit der dauernden Abschließung Konstantinopels hätten die Venezianer jedenfalls den Haupteinschiffungspunkt der Türken verstopft und mit verhältnißmäßig schwachen Kräften die unregelmäßigen Zufuhren aus den anderen Häfen des Aegäischen Meeres hindern können. Wenn sie sich aber im weiteren Verlauf des Krieges zur Blockade für zu schwach hielten, so konnten sie wenigstens durch die Absperrung der Küste der Insel Candia die Türkischen Zufuhren abzuschließen suchen.

Aber auch das haben sie unterlassen, und erst im Jahre 1668 faßte Francesco Morosini die Venezianischen und verbündeten Geschwader zu einer einheitlichen Unternehmung in diesem Sinne zusammen. Wir finden ihn im Sommer des genannten Jahres mit einer starken Flotte in der Sudabay und bei San Teodoro, um den Türken vor Allem den wichtigsten Hafen Canea zu verschließen. Auch die Päpstliche und Maltesische Hülfsflotte wußte er zu gleichem Zwecke dort festzuhalten. Solange dies geschah, ist thatsächlich kein einziges Türkisches Schiff an der Nordküste der Insel gelandet. Aber der Mangel an Truppen in der belagerten Hauptstadt veranlaßte, wie wir wissen, den Generalkapitän bereits im August, den größten Theil der verbündeten Flotte nach Candia zu führen, um die Besatzung der Schiffe auf den Wällen der Festung zu verwenden. Von diesem Augenblick an ist die Absperrung der Insel bis zum Ende des Krieges nicht mehr ernstlich durchgeführt worden. Auch Morosini hat, entsprechend den Anschauungen seiner Zeit, der Festung als solcher einen zu großen Werth beigelegt und nicht erkannt, daß den bedrängten Vertheidigern nur noch außerhalb der Wälle zu helfen war, indem man die Verbindungen der Belagerer zu Lande und zu Wasser unterbrach. Gerade das letzte Jahr des Krieges hätte hierfür noch einmal eine günstige Gelegenheit geboten. Mehr als 60 Schiffe der christlichen Mächte lagen damals thatenlos auf der Rhede von Candia. Doch auch jetzt verhinderten die Uneinigkeit der Führer und die widerstreitenden Interessen der Koalition eine sachgemäße Verwendung der vorhandenen Kräfte.

7*

So ist die Haupturfache, die den für Venedig ungünstigen Ausgang des Krieges herbeigeführt hat, die ungenügende Ausnutzung der überlegenen See-gewalt gewesen.

Es kann nicht Wunder nehmen, wenn die Republik sich dem großen Türkischen Reiche zu Lande auf die Dauer nicht gewachsen zeigte; daß sie es aber auch nicht verstanden hat, diesen Mangel durch Unternehmungsgeist auf dem Elemente, auf dem sie entschieden im Vortheil war, wieder auszugleichen, das hing wohl mit dem allgemeinen Niedergange ihres ganzen Staatswesens zusammen. Venedig war nicht mehr die kühn vordringende Macht, die sich den größten Theil des östlichen Mittelmeers mit seinen reichen Inseln und Küstenländern unterworfen hatte. Es hatte vielmehr seinen Höhepunkt längst überschritten, es war gesättigt und vertheidigte nur noch lässig den ererbten Besitz. So mußte es unterliegen, sobald es mit einer kräftig vorwärts-strebenden Macht, wie damals die Türkei noch war, in Streit gerieth. Im Leben der Völker hat nur der Staat das Recht und die Möglichkeit des Bestehens, der es versteht dies Recht dadurch zu schützen, daß er einen Theil seiner Kraft in Macht verwandelt. Für ein Volk, das an die See grenzt und aus dem Verkehr auf ihr einen großen Theil seines Unterhalts und seines Reichthums zieht, bedeutet das auch Seegewalt, d. h. die Beherrschung der Meereswege und Sicherung seiner friedlichen Unternehmungen in fernen Ländern. Solange es Geschichte giebt, ist die Macht solcher Nationen ge-stiegen und gefallen mit ihrer Mächtigkeit zur See. Und der Verfall der See-macht ist dabei nicht etwa nur eine Begleiterscheinung oder eine Folge des Niederganges des Staats, sondern er ist häufig der Ausgangspunkt dafür. Mit der Vernachlässigung der Kriegsflotte oder, was gleichbedeutend ist, mit dem Schwinden des kühnen seemännischen Geistes tauchen überall die An-griffspunkte auf, an denen die feindliche Kraft einsetzen kann. Die außerhalb der eigenen Grenzen geschaffenen Stützpunkte und Hülfsquellen, die Kolonien und Handelsmärkte, gehen verloren und stärken den siegreichen Gegner. So wird der Staat aus der ehemals herrschenden Stellung zum Sklaven des Siegers.

Auch die Geschichte Venedigs, in der die fast 25jährigen Kämpfe um Candia einen der wichtigsten Abschnitte bilden, hat die Wahrheit des Worts dargethan: Reichsgewalt bedeutet Seegewalt, und Seegewalt und Reichs-gewalt bedingen sich gegenseitig so, daß die eine ohne die andere nicht be-stehen kann.

„Hier (in Candia) sind Gallerien und Linien nicht oben, sondern unter der Erden durch und unter die Bollwercker und Aussenwerk, weit ins Feld hinaus, biß an des Feindes Batterien geführet worden, und wo der Feind seine Batterien nicht biß aufs Wasser umbgraben hat, ist dieselbe ihm sampt den Stücken in die Lufft gesprenget worden, darzu denn eine ungläubliche und unerhörte Arbeit, auch zum unterbauen viel Bauholtz und Steine erfordert worden. Ob zwar etliche 1000 Sklaven, und nicht eine geringe Zahl Minurer zu solcher Arbeit und Minen zu machen gebrauchet worden, so hat doch darneben auch deren Soldaten die Gallerie und Minen zu bewachen keine geringe Anzahl seyn müssen; und in Warheit täglich 3000 Mann unter der Erden Wacht zu halten und 800 Schildwachten zu besetzen seyn müssen, und ist offt gekommen, daß die Gallerien und Communications-Linien durch die Minen seyn verschüttet oder vom Feind abgegraben oder auch die Lufft-Brunnen zugedecket worden, worüber viel 100 Menschen also haben ersticken müssen und mit Erden seyn bedecket worden. Da auch die Communications-Linien unterweilen etliche Fuß unter Wasser seyn geführet worden, und die Sklaven das zurinnende Wasser durch Bompen haben ausschöpffen müssen, sind unterweilen die Bompen gebrochen oder durch eingefallene Bomben zerschlagen und ruiniret worden, so, daß die Mannschafft, welche die Wacht gehalten, biß an die Knyn auch wol zuweilen biß an den halben Leib im Wasser sitzen und als dann nicht wenig verderben müssen . . . .

Die grösste Art Minen ist von denen Italiänern Fornellen genandt, welches dann die stärcksten waren, welche die Belagerten unter des Feindes Minen, Batterien, Redutten oder wie sie wusten, daß die Türcken häuffig versamlet waren, unter die Felsen und wol 3 biß 4 Fuß tieff unter Wasser macheten . . . Dieselben seynd also gemachet und zum Effect zugerichtet worden: Der Ingenieur und Oberste von den Minen hat den Plan der Situation von den Attaquen, darnach er sich unter der Erden mit der Gallerie, Communications-Linie und Minen richten muste. Wenn nun ein solch Fournell solte gemachet und gesprenget werden, so wurde aus den gemachten Rahmen, die in die Gallerie giengen, Kammern groß oder klein gemachet, nachdem die Rothdurfft erforderte, hernach wurde unten am Boden der Kammer starcke Pfäl und Pallisaden, die zusammen genagelt, geleget, umb das Pulver trocken vor der Feuchtigkeit dardurch zu erhalten, hernach, wenn nun das Pulver in Säcken oder Tonnen in die Kammer gethan und die Ladung der Fournelle geschehen war, so hat man zugleich die Zündung und Anfeurung mit zum Pulver gethan, welches dann hölzerne Röhren, vierkantig, inwendig 2 oder 3 Zoll weit, und 12 biß 16 Fuß lang waren, von Tannenbrettern zusammen genagelt; hernach ist der Eingang oder Munt der Fournelle wohl 6 oder 7 Fuß dick fest zugemauret, hernach solch Mauerwerck gegen die entstehende Gang und Rahmen mit ſtarcken hölßernen Balcken und Dielen entgegen geſtüßet worden, wormit dann ſolch Fournell biß zum Anzünden verfertiget geweſen. Bey die hölßerne Röhr, darin die Anfeurung und Zunter war, wurden gedoppelte Schildwachten geſtellet, welche das Zünd=Rohr muſten verwahren und niemand zu ſolcher ge= füllten Minen laſſen, noch ſolches jemand im geringſten offenbahren, auch fleiſſig Acht und Gehör auff des Feindes Arbeit und miniren geben, damit ſelbiger nicht in ſolche gefüllete und verfertigte Minen komme, dieſelben wiſſe oder ſelbſten anzünde, oder auch das Pulver darauß nehme; wie dann ſolches gar vielmahl geſchehen, daß beyde Theil einander haben das Pulver heinnlich auß den Minen genommen, daß, wann man dann ſolche hat zünden wollen, die Vögel ſchon außgeflogen waren und man mit einer langen Naſen muſte nachſehen, indem viel zu ſpath der Schaden erfahren worden.

Unterweilen hat ſich's begeben, daß die Minirer einander haben angetroffen und einander mit Piſtolen und Stilleten, welche ſie allezeit am Gürtel hatten, todt machten, oder wo ein Theil dem anderen konte in die Gallerie kommen, dieſelbe anzünden und verbrennen oder gar mit Erden zudecken und die Communication denen, die darin waren, benahmen, ſo muſten gar viel darüber elendiglich ihr Leben laſſen.

Es iſt offt kommen, daß die Türcken oben und die Chriſten darunter haben Minen gemachet, und welcher am erſten fertig worden, die andern durch ſein Anzünden mit geſprenget hat. Damit aber die Menſchen, ſo in den Minen und Gallerien waren, nicht verſtickten, hat man unterſchiedliche Lufft=Brunnen gemachet, durch welche zugleich das Waſſer iſt außgepumpet worden, auch wohl mit Blaſebälgen Lufft in die Gallerie und Gänge gewehet, umb dadurch Licht in den Minen zu behalten. Wann nun eine ſolche Fournelle iſt geſprenget, ſo hat ſich davon die gantze Statt beweget, als wann ein groß Erdbeben were, ſo daß bißweilen Häuſer davon einfielen, welches dann daher verurſachet iſt, daß die Minen unter Felſen und ſo feſtem Boden gemachet, und da man zugleich die Menſchen unter und mit dem Felſen, Stein, Erden, Feur und Dampff mit ſo greulichem Krachen und Gewalt in die Lufft flogen, daß es erſchrecklich anzuſehen war und die Menſchen unterweilen vielerley Poſturen in der Lufft machten. Ich bin von glaubhafften Perſonen berichtet worden, daß wol vielmal geſchehen ſey, daß mit einer ſolchen Mine 3, 4 biß 500 Türcken auff einmahl in die Lufft ſind geſprenget worden, wie ſich dann dieſelben am allermeiſten vor den Minen fürchten, weile ihnen dadurch der meiſte Schade iſt zugefüget worden, hergegen die Belagerten es vor ihre euſſerſte Rohtwehr hielten.“

Schlachtordnung

der vereinigten Venezianischen, Päpstlichen und Maltesischen Flotte in den
Gewässern von S. Teodoro im Sommer 1668.

Venez. Galeasse „Capitana ordi-
naria", Kapt. A. Morosini.

Maltes. Galeere „S. Nicola".

Maltes. Galeere „S. Pietro".

Maltes. Galeere „Magistrale".

Päpstl. Galeere „S. Pietro".

Maltes. Galeere „S. Giovanni".

Päpstl. Galeere „S. Alessandro".

Maltes. Galeere „S. Luigi". Venez. Galeasse,
Kapt. Pasqualigo.

Päpstl. Galeere „S. Caterina".

Maltes. Galeere „Padrona".

Päpstl. Galeere „Padrona".

Maltes. Galeere „Capitana"
(Flaggschiff Accarigis).

a. Galeere, Kapt. G. Prinli Päpstl. Galeere „Capitana"
 „ „ A. Zeno (Flaggschiff Rospigliosis).

 „ „ ? Venez. Galeere „Capitana generale" Venez. Galeasse,
 „ „ ? (Flaggschiff Morosinis). Kapt. Pisani.

Venez. Galeere „Provveditoria straor-
dinaria", Kapt. Moro.

Venez. Galeere „Capitana in Golfo",
Kapt. Magno.

Venez. Galeere*), Kapt. Diedo.

Venez. Galeere, Kapt. A. Zeno.

Venez. Galeere, Kapt. F. Bembo. Venez. Galeasse,
 Kapt. Benzon.

Venez. Galeere, Kapt. Quirini.

Venez. Galeere, Kapt. A. Prinli.

Venez. Galeere, Kapt. L. Bembo.

Venez. Galeere, Kapt. Contarini.

Venez. Galeere, Kapt. Danbolo.

Venez. Galeasse „Capitana straor-
dinaria", Kapt. Navagiero.

*) Von den Venezianischen Galeeren und Galeassen hatten nur die Flaggschiffe Namen, die anderen wurden nach ihren Kapitänen bezeichnet.

Anlage 3
zu S. 153.

„Hiergegen seynd die meisten Soldaten der Christen zu unserer Zeit sowol in der Religion, Sprach und Leben, als auch in Kleidungen und humoren
sehr weit von einander unterschieden und in dem meisten den Türken nicht zu
vergleichen. Das vornehmste und tapferste an ihnen ist, daß sie Hertz genug
haben, dasselbige, wozu sie commendirt werden, außzurichten und keine Gefahr zu scheuen, wiewol auch solches bißweilen schwer hergehet. In Candia
seynd erst die Teutschen, hernach die Sclavonier und Griechen und dann die
anderen Nationen aestimiret worden. Die Teutschen können etwas mehr Kälte
und Ungemach außstehen, hiergegen die anderen sich viel schlechter und elender
in Zeit der Noth mit Essen und Trinken behelffen, indem sie nicht groß achten,
wie es ihnen ergehet. Sonsten seynd die Soldaten größtentheils also beschaffen,
daß erstlich bey ihnen keine Gottesfurcht sich findet, sondern ungescheut allerhand
Sünd und Laster, auch unmenschliches Fluchen von ihnen verübet wird. In
Fressen und Sauffen sind sie unersättlich, so daß sie manchmal ärger als die
Bestien Tag und Nacht im Sauß leben und vor ihre höchste Glückseligkeit
und Himmelreich halten, wann sie nur genug zu fressen und zu sauffen haben;
können sie mit ihrem Sold nicht zukommen, so fangen sie an zu stehlen und
andere practic zu treiben. Im marchiren und Feldzügen seynd sie also
geartet, daß man an ihnen genug zu gebieten und zu verbieten hat, sie in
Ordnung und bey den Regimentern zu behalten, damit sie das gantze Land
nicht außplündern und auff einmahl den Garaus verursachen . . . . . . "

Anlage 4
zu S. 158.

Ordre de Bataille

der Truppe des Herzogs de la Feuillade.

Kommandirender: Herzog de la Feuillade.
Adjutant: Chevalier de Tresmes.

1. Brigade.

Chef: Graf von St. Paul.
Adjutanten: du Pré, des Roches.
Sousbrigadiers: 1. Marquis de Chamilly.
2. de Jovency.
3. Chevalier des Molets.
4. Chevalier de Segeville.
5 Tambonneau.
6. Graf von Chalain.
7. de Beau-Chevilliers.
8. des Fourneaux.
Fähnrich: Terlingue.
Stärke der Brigade: etwa 230 Mann.

2. Brigade.

Chef: Herzog von Caderousse.
Adjutanten: Chevalier Dampierre, de Rouville.
Sousbrigadiers: 1. Marquis de Refuge.
2. Chevalier de Suze.
3. Marquis de Tord.
4. de Flavigny.
5. de Bois-Commun.
6. Cilncault.
Fähnrich: Hongre.
Stärke der Brigade: etwa 175 Mann.

3. Brigade.

Chef: Herzog von Villemaur.
Adjutanten: de la Mondie, de Longuemar.
Sousbrigadiers: 1. de Bois le Comte.
2. de Villemaur (Sohn).
3. de Charmont.
4. de Virginy.
Fähnrich: de la Coste.
Stärke der Brigade: etwa 115 Mann.

4. Brigade.

Chef: Herzog von Château-Thierry.
Adjutanten: de Romécourt, de Poncet.
Sousbrigadiers: 1. de St. Marcel.
2. du Moulin.
3. de la Forêt.
Fähnrich: Chevalier de Gonor.
Stärke der Brigade: etwa 90 Mann.

Anlage 5
zu S. 168.

Erste (Segelschiff-) Abtheilung
der Französischen Hülfsflotte für Candia im Jahre 1669.

Oberbefehlshaber: Admiral von Frankreich, Herzog von Beaufort.

1. Geschwader.
Kommandeur: Admiral Herzog von Beaufort.

1.	„Le Monarque"*),	Kapitän de la Fayette . . .	94	Geschütze,	600	Mann,
2.	„La Thérèse"**),	" d'Hectot	58	"	350	"
3.	„Le Toulon",	" de Belle-Jsle . . .	48	"	200	"
4.	„Le Fleuron",	" de Turelle	72	"	380	"
5.	„La Sirène",	" de Cogolin	40	"	220	"
6.	„L'Ecureuil",	" de Beaumont . . .	42	"	200	"
7.	„Le Boeuf" (Brigg),	" Breman	10	"	80	"
8.	„La Concorde" (Brigg),	" le Roux	6	"	55	"
			370	Geschütze,	2085	Mann.

Außerdem 8 Transportschiffe und 8 kleinere Kriegsfahrzeuge.

2. Geschwader.
Kommandeur: Vizeadmiral de Martel.

1.	„Le Courtisan"***),	Kapitän de Martel	72	Geschütze,	500	Mann.
2.	„Le Soleil d'Afrique",	" de St. Aubin . . .	38	"	180	"
3.	„Le Bourbon",	" de Bouillon	50	"	200	"
4.	„Le Provençal",	" de Bouillé	60	"	350	"
5.	„Le St. Antoine" (Brigg),	" Chaboureau	4	"	55	"
			224	Geschütze,	1285	Mann.

Außerdem 5 Transportschiffe und 2 kleinere Kriegsfahrzeuge.

3. Geschwader.
Kommandeur: Kontreadmiral de Gabaret.

1.	„La Princesse" †),	Kapitän de Gabaret	72	Geschütze,	390	Mann,
2.	„La Royale",	" de la Hillière . .	54	"	280	"
3.	„Le Croissant",	" de Tourville . . .	44	"	225	"
4.	„Le Lys",	" de Grancey	40	"	230	"
5.	„Le Dunkerquois",	" de Languillet . . .	36	"	175	"
			246	Geschütze,	1300	Mann.

Außerdem 4 Transportschiffe und 2 kleinere Kriegsfahrzeuge.

Zusammenstellung.

	Kriegsschiffe	Transportschiffe	kleinere Fahrzeuge	Geschütze	Mann
1. Geschwader . . .	8	8	3	370	2085
2. Geschwader . . .	5	5	2	224	1285
3. Geschwader . . .	5	4	2	246	1300
	18	17	7	840	4670

*) Flaggschiff des Admirals.
**) Auf diesem Schiffe befand sich der General Herzog von Noailles.
***) Flaggschiff des Vizeadmirals.
†) Flaggschiff des Kontreadmirals.

Instruction

que le Roy a résolu être envoyée à M. le duc de Beaufort, pair, grand-maître, chef et surintendant-général de la navigation et commerce du royaume,*) sur l'emploi de l'armée navale, que Sa Majesté met en mer sous son commandement pendant la présente campagne.

———

Le sieur duc est informé, que ledit armement est destiné pour le secours de Candie, et que Sa Majesté ne voulant pas déclarer ouvertement la guerre au grand-seigneur, elle a résolu qu'elle agirait sous le nom du pape et prendrait l'étendard de Sa Sainteté, à quoi ledit sieur duc se doit conformer.

En cas que Sa Sainteté envoie des vaisseaux ou des galères, Sa Majesté est persuadée, qu'elle fera porter le pavillon de la sainte Église sur le principal, et en ce cas Sa Majesté désire, que ledit sieur duc porte le second pavillon, qui sera celui de Sa Sainteté, et qu'il obéisse et prenne les ordres de celui, qui sera établi par elle général de l'armée.

En cas que Sa Sainteté n'envoie pas de vaisseaux, mais seulement des galères, la navigation des vaisseaux étant fort différente, Sa Majesté désire qu'il donne promptement avis audit général de sa partance du port de Toulon, et du rendezvous, qu'il estimera devoir être pris pour se joindre, et qu'alors qu'ils seront joints il obéisse pareillement audit général et prenne son avis en toute rencontre.

Sa Majesté veut qu'en toute occasion de jonction il tienne toujours le rang dû à sa dignité de fils aîné de l'Église, et qu'il ne souffre jamais, qu'aucun vaisseau d'une autre nation prenne le rang d'honneur entre l'étendard de la sainte Église et celui, qu'il portera; en quoi Sa Majesté ne veut pas, qu'il souffre aucun ménagement.

Il observe seulement que, comme la différente navigation des vaisseaux et des galères ne lui donnera peut-être aucune occasion pendant toute la campagne de prendre rang après l'étendard de la sainte Église, ce sera au capitaine-général des galères de Sa Majesté à soutenir et conserver le rang de patronne, en quoi le sieur duc l'assistera et le soutiendra s'il en a besoin. Ledit sieur duc commandera également les vaisseaux et les galères suivant le pouvoir que Sa Majesté lui a donné. Elle veut qu'après avoir pris l'ordre dudit général de la sainte Église, il le donne ensuite au capitaine-général de ses galères pour tout ce qui concerne son corps.

En cas que ledit sieur duc de Beaufort et le sieur comte de Vivonne**) se trouvent ensemble dans les galères, qui pourraient être commandées par

———

*) Bezüglich dieses Titels vergl. S. 135 des Textes.
**) Vergl. S. 168 des Textes.

ledit général de la sainte Église, Sa Majesté veut, qu'ils tiennent les second et troisième rangs, sans souffrir aucune séparation ni aucun ménagement.

Comme la seule intention de sa Majesté pour l'emploi de son armée navale pendant la présente campagne est le secours de Candie, Sa Majesté veut aussi que ledit sieur duc règle toute sa conduite à bien faire réussir cette importante entreprise, et pour ce effet qu'il agisse en toute chose de concert avec le sieur duc de Navailles,*) lieutenant-général de ses armées, commandant le corps de troupes qu'elle envoie pour ledit secours, et garder ensemble une parfaite union et correspondance . . . . . .

Quoique Sa Majesté ordonne audit sieur duc de Beaufort d'obéir en toute chose au général de la sainte Église, elle est persuadée, qu'il trouvera les moyens d'exécuter les ordres ci-dessus, d'autant que ledit général sera instruit sur tout ce qu'il y aura à faire, et qu'il s'accomodera facilement à l'exécution desdits ordres, qui ne tentent qu'au secours de cette grande entreprise.

Sa Majesté désire, que le sieur duc de Navailles assiste dans tous les conseils, qui seront tenus pour l'emploi de l'armée navale, s'il peut s'y trouver, et qu'il y prenne rang immédiatement après le capitaine-général des galères . . . . . .

Sa Majesté envoie audit sieur duc de Beaufort le pouvoir pour commander ses galères en cas de jonction, et elle envoie pareillement le pouvoir au sieur comte de Vivonne, capitaine-général de ses galères, pour commander les vaisseaux en cas de maladie ou d'accident, qui pourrait arriver au dit sieur duc.

Sa Majesté veut, que ledit sieur duc s'applique à faire le plus grand nombre d'esclaves qu'il pourra, pour fortifier les chiourmes de ses galères. Sa Majesté a ordonné d'ajouter à l'instruction de l'autre part, qu'en cas, qu'après que le sieur duc de Navailles aura reconnu l'état auquel sera la place de Candie lorsque l'armée de sa Majesté y arrivera, il estimerait qu'elle ne fût plus en état d'être secourue, et qu'il fût d'avis de reporter les troupes en France, Sa Majesté veut, qu'en cela ledit sieur duc de Beaufort suive l'avis dudit sieur duc de Navailles, et qu'il reprenne la route de France avec toutes les troupes, qui seront sur les vaisseaux.

*) Vergl. S. 168 des Textes.

Zweite (Galeeren-) Abtheilung

der Französischen Hülfsflotte für Candia im Jahre 1669.

Oberbefehlshaber: Admiral Graf von Vivonne.

1. Galeere	„La Générale"*),	Kapitän	Graf v. Vivonne	160	Soldaten,	410	Ruderer,
2. „	„La Capitane",	„	de Manse . .	110	„	400	„
3. „	„La Patronne",	„	de la Brossabière	105	„	392	„
4. „	„La Croix de Malte",	„	d'Oppède . .	100	„	350	„
5. „	„La Fleur de Lys",	„	de la Bretêche .	104	„	340	„
6. „	„La Victoire",	„	de Tonnerre . .	92	„	347	„
7. „	„La Dauphine",	„	de Villeneuve .	96	„	336	„
8. „	„La Force",	„	de Breteuil . .	95	„	340	„
9. „	„La Saint-Louis",	„	de Montaulieu .	88	„	328	„
10. „	„La Couronne",	„	de Garbenne .	80	„	330	„
11. „	„La Fortune",	„	de Janson . .	94	„	332	„
12. „	„La Valeur",	„	de Viviers . .	96	„	337	„
13. „	„La Renommée",	„	de Folleville .	99	„	344	„
1. Galeotte	„La Vigilante",	„	Espanet . . .	40	„	164	„
2. „	„La Subtile",	„	de Bueil . . .	46	„	166	„
3. „	„La Volante",	„	de Forestat . .	58	„	158	„

1463 Soldaten, 5074 Ruderer.

*) Flaggschiff des Admirals.

Anlage 8
zu S. 168.

Französische Hülfs-Armee für Candia im Jahre 1669.

Général en chef: Herzog von Noailles.
Lieutenant général: de Bret.
Maréchal de camp: Colbert.
Intendant général: de la Croix.
Commissair général des vivres: Jacquière.

A. Infanterie.

Leibgarden des Königs	3	Kompagnien,
Kommandeur: Brigadier de Castelan.		
Reformirte Offiziere	2	"
Linieninfanterie:		
Kommandeur: Brigadier de Dampierre.		
Regiment Espagny	4	"
" Saint-Valier	4	"
" Lignières	2	"
" Montaigu	4	"
" Lorraine	4	"
" Rozan	3	"
" Bretagne	2	"
" Conty	2	"
" Harcourt	10	"
" Grancey	4	"
" Montpezat	2	"
" Vendôme	2	"
" La Fère	2	"
" Château-Thierry	2	"
" Jonzac	4	"
" Rovergue	4	"
	60	Kompagnien.

B. Kavallerie.

Kommandeur: Brigadier de Choiseul.

Musketiere des Königs zu Pferde	2	Kompagnien,
Linienkavallerie	3	"
	5	Kompagnien.

Stärkenachweisung.

Leibgarden des Königs:
1 Brigadier,
1 Major,
3 Kapitäns.
3 Lieutenants,
5 Unterlieutenants,
1 Fähnrich.
20 Sergeanten,
8 Tambours,
493 Soldaten.
535.

Reformirte Offiziere:
18 Kapitäns und Lieutenants.
214 Offiziere in Reih' und Glied.
232.

Linieninfanterie:
10 Obersten,
15 Oberstlieutenants,
60 Kapitäns,
138 reformirte Kapitäns,
60 Lieutenants,
135 reformirte Lieutenants,
30 Fähnriche,
64 reformirte Fähnriche,
268 Sergeanten,
506 Korporale,
75 Tambours,
3929 Soldaten.
5290.

Musketiere des Königs zu Pferde:
13 Offiziere,
210 Mann.
223.

Linienkavallerie:
16 Offiziere,
312 Mann.
328.

Im Ganzen 573 Offiziere *), 6035 Mann.

---

*) Die in Reih' und Glied stehenden Reformirten 214 Offiziere sind in der Summe der Mannschaften mitenthalten.

Eintheilung

der Französischen Ausfalltruppen am 25. Juni 1669.

Avantgarde.

Kommandeur: Brigadier Dampierre.

50 Grenadiere.

400 Freiwillige.

Kav. Trupps.

Gros.

Kommandeur: Generallieutenant be Bret.

Kav. Trupps.

| Bretagne. | Lorraine. | St. Valier. |
| Jonzac. | Grancey. | Montaigu. |

Kav. Trupps.

Zwischenpostirung.

Kommandeur: Brigadier Castelan.

Garbetruppen.

100 reformirte Offiziere.

Reserve.

Kommandeur: Brigadier be Choiseul.

Kav. Trupps.

| Lignières. | Conty. | Harcourt. |
| Vendôme. | Montpezat. | Rozan. |

Kav. Trupps.

Auszüge

aus drei Schreiben des Venezianischen Generalkapitäns Morosini an
den Päpstlichen Generalissimus Rospigliosi.*)

— —

Nr. 1.

Ohne Datum, anscheinend von Ende Mai 1669.

... Der Tod des General-Proveditors Cattarino Cornaro macht es mir
unmöglich, Ew. Excellenz mit meinem Geschwader entgegenzufahren, da ich die
Vertheidigung der Stadt jetzt ganz allein leiten muß. Ich theile Ihnen daher
schriftlich den Stand der Dinge hier mit ...

Nachdem sich bei den Türken die Nachricht von der baldigen Ankunft der
Hülfsflotten Frankreichs, des Papstes und des Malteserordens verbreitet hatte,
setzten sie alle Kräfte daran, sich der beiden breschirten Bastione von Sabionera
und San Andrea zu bemächtigen und damit den Platz vor der Ankunft der Verstärkungen zu nehmen. Als sie aber erkannten, daß bei Sabionera die Schwierigkeiten zu groß seien, ließen sie hier mit dem Angriff nach, wandten sich aber um
so heftiger gegen San Andrea. In der richtigen Annahme, daß hier der größte
und schnellste Erfolg durch den Minenkrieg zu erzielen sei, gingen sie mit
sieben Hauptgängen und zahlreichen Verzweigungen unter dem Bastion vor.
Allein auch auf unserer Seite blieb man nicht müßig, sondern arbeitete dem
Feinde mit allen Kräften entgegen. So entwickelte sich hier ein Minenkrieg
von einer Ausdehnung und Zähigkeit, wie wir ihn noch an keiner anderen
Stelle erlebt haben. Obwohl unsere Mineure jeden Schritt des Bodens ver-
theidigten und des Feindes Arbeiten hundertmal zerstörten, gelang es diesem
doch dank seiner Ueberzahl, immer wieder neue Gänge zu graben und schließlich bis in die Mitte des Bastions vorzudringen. Zwar hoffen wir ihn auch
von dort zu vertreiben, allein in diesem Augenblick ist nur noch das Orillon
des Bastions in unseren Händen. Leider nimmt dabei die Zahl unserer Truppen
von Tag zu Tag ab, weshalb wir mit Sehnsucht die Hülfe erwarten, die uns
kommen soll. Glücklicherweise sind aber auch bei den Türken die Streitkräfte
sehr im Abnehmen, und ihre Hoffnungen beruhen ganz auf den von dem Sultan
versprochenen Verstärkungen, von denen übrigens neuere Nachrichten besagen,
daß sie ausbleiben werden. Zwar wurde der Kapudan-Pascha mit 35 Galeeren
nach Chios gesandt, um eine dort gesammelte Armee nach Canea zu führen,
allein als er erschien, waren die meisten Soldaten entflohen. Auch zur See
sind die Streitkräfte der Türken nicht bedeutend, da sie im vorigen Jahre den
Fehler begangen haben, ihre geschulten Matrosen vor der Festung Candia zu

---

*) Diese sowie die folgenden Auszüge aus den Schreiben der christlichen Führer
bei Candia sind keine wörtlichen Uebersetzungen, weil solche bei dem wunderlich geschraubten,
gezierten und ineinandergeschachtelten Stil, der wie den Deutschen so auch den Italienischen
Schriften des 17. Jahrhunderts eigen ist, unverständlich sein würden. Sie geben daher
nur den Sinn wieder, unter möglichst getreuer Anlehnung an das Original.

verwenden, wo sie fast alle umgekommen sind. Im Ganzen sollen in diesem Frühjahr noch nicht mehr als 400 Janitscharen und 550 Azags in Canea gelandet sein . . .

Aus Allem geht hervor, daß wir noch auf ein glückliches Ende rechnen dürfen, wenn die Hülfe, die Sie bringen, nicht mehr lange auf sich warten läßt. Ich bitte daher Ew. Excellenz inständigst, Ihre Reise zu beschleunigen, da jeder Verzug bei dem Zustand des Platzes nur neuen Schaden bringen kann . . .

Nr. 2.

3. Juni 1669.

. . . In meinem letzten Briefe theilte ich Ew. Excellenz Einiges über den schlimmen Zustand der Festung Candia, insbesondere des Bastions San Andrea, mit und hob hervor, daß von ihm nur noch das Orillon in unserem Besitz sei. Inzwischen haben allerdings die Unsrigen wieder einige Fortschritte gemacht und Theile des Bastions sogar in der Nähe der Bresche zurückerobert. Allein alle diese kleinen Erfolge sind nur vorübergehend und von geringer Bedeutung angesichts der Befürchtungen, die die allgemeine Lage einflößen muß. Ew. Excellenz können versichert sein, daß, wenn nicht bald Hülfe kommt, das Bastion ganz verloren geht und mit ihm auch die Festung selbst. Ich habe zwar dahinter den Bau eines Abschnittes begonnen und ich hoffe auch, wenn wir Zeit behalten, ihn zu vollenden, allein einstweilen ist er noch nicht vertheidigungsfähig . . .

Aus diesen Gründen wiederhole ich noch einmal meine dringende Bitte, Ew. Excellenz möchten Alles aufbieten, um sobald wie möglich hier einzutreffen, denn sonst geht es mit dieser hart bedrängten Stadt zu Ende. Leider muß ich auch noch hinzufügen, daß vor wenigen Tagen 48 Türkische Galeeren mit Munition, Proviant und Truppen in Canea gelandet sind. Die Zahl der Truppe soll indessen 2500 fechtende Leute nicht übersteigen. Zum Glück sind diese auch noch unerfahren, ohne Disziplin und mehr durch Gewalt als kriegerischen Geist zu ihrer Thätigkeit gezwungen.

Es heißt, der Sultan stehe im Begriff, selbst hierherzukommen. Der Großvezir soll darüber beunruhigt sein, denn er wünscht die Belagerung Candias allein zu Ende zu führen . . . .

Nr. 3.

9. Juni 1669.

. . . Unliebsame Umstände veranlassen mich, Ihnen mit diesem Briefe den Obersten Amandi zuzusenden, der Ihnen nähere Aufschlüsse über unsere Lage geben wird. Trotz aller Anstrengungen und der glänzenden Tapferkeit der Vertheidiger hat sich der Feind des Orillons und des ganzen Inneren von San Andrea bemächtigt, und jetzt dringt er schon mit der Sappe gegen den neu errichteten Abschnitt vor, der unsere letzte Hoffnung ist. Diese betrübenden Umstände und die täglichen Verluste an Mannschaft, deren Größe in keinem Verhältniß zu unserer geringen Zahl steht, lassen mich das Schlimmste befürchten. Der Feind hat aus seinem Erfolge bei San Andrea neue Zuversicht geschöpft, und obwohl auch er seine Truppen immer mehr zusammenschmelzen sieht, bleibt er uns doch stets beträchtlich überlegen. Ew. Excellenz bitte ich daher noch einmal dringend, Ihre Fahrt hierher ohne Aufenthalt fortzusetzen. Ihr bloßes Erscheinen wird schon genügen, um die Feinde zu schrecken, die jetzt so übermüthig triumphiren . . .

Francesco Morosini.

Verlustliste
der Französischen Flotte vom 4. Juni bis 12. August 1669.

1. Hochbordschiffe.

Nr.		Todte	Verwundete oder Kranke	Summe
1	„Le Monarque"	38	232	270
2	„La Thérèse"	286	50	336
3	„Le Toulon"	15	50	65
4	„Le Fleuron"	15	70	85
5	„La Sirène"	8	129	137
6	„L'Ecureuil"	11	84	95
7	„Le Courtisan"	10	70	80
8	„Le Soleil d'Afrique"	9	56	65
9	„Le Bourbon"	17	123	140
10	„Le Provençal"	17	105	122
11	„La Princesse"	7	61	68
12	„La Royale"	11	133	144
13	„Le Croissant"	7	45	52
14	„Le Lys"	10	67	77
15	„Le Dünkerquois"	11	43	54
		472	1318	1790

2. Galeeren.

Nr.		Todte	Verwundete oder Kranke	Summe
1	„La Générale"	32	54	86
2	„La Capitane"	7	22	29
3	„La Patronne"	10	19	29
4	„La Croix de Malte"	7	21	28
5	„La Fleur de Lys"	6	14	20
6	„La Victoire"	23	42	65
7	„La Dauphine"	11	18	29
8	„La Force"	6	24	30
9	„La Saint-Louis"	4	28	32
10	„La Couronne"	3	14	17
11	„La Fortune"	9	11	20
12	„La Valeure"	16	23	39
13	„La Renommée"	4	29	33
		138	319	457

3. Galeotten.

Nr.		Todte	Verwundete oder Kranke	Summe
1	„La Vigilante"	6	11	17
2	„La Subtile"	5	7	12
3	„La Volante"	5	5	10
		16	23	39

Zusammenstellung.

	Ausrüstestärke	Verluste	Demnach Rest
Hochbordschiffe	4480	1790	2690
Galeeren	1319	457	862
Galeotten	144	39	105
	6133	2286	3657